聖書に隠された
日本・ユダヤ封印の古代史 2
【仏教・景教篇】

THE JEWS, THE EASTERN CHRISTIANS AND BUDDHISM

久保有政＋ケン・ジョセフ
ラビ・マーヴィン・トケイヤー［解説］

徳間書店

古代、インドと聖書世界――ユダヤ人・基督教徒・仏教徒による知られざる交流の歴史――［解説にかえて］

ラビ・マーヴィン・トケイヤー

かつてチベット仏教の最高指導者ダライ・ラマは、こう述べたことがある。

「紀元前八～五世紀頃、ヨーロッパではギリシャ文明が黄金期にあった。イスラエルでは預言者イザヤが活躍し、インドではシャカが活躍していた。しかし、インドとイスラエル、ヨーロッパとの宗教や文化の交流は当時はまだなかった。あったとしても、ほとんどなかった」

しかし、じつは東西の文化交流、東西の宗教の対話は、当時まったくなかったわけではない。あまり知られてはいないが、事実は、かなりと言っていいほどに交流があったのである。

じつは紀元前の時代に、ギリシャ人はすでに、インドのシャカのことを知っていた。また、インドの他の宗教家たちについても知っていた。古代イスラエル人も、もちろんインドについて知っていた。ところが、そのように古代に東西の交流があったことを、今日の多くの人は知らない。

たとえば、インドの古代文学の中に聖書のソロモン王の話とほとんど同じ逸話《いつわ》が出てくることを、ほとんどの人は知らないだろう。また、ヘブル語（ヘブライ語）で書かれた聖書に、インドのサンスクリット語の言葉が出てくることを知っている人は、今日どれだけいるだろうか。

そしてまた、あの「マサダの砦《とりで》」で壮絶な死を遂げた古代ユダヤ人たちが、死に対するインド人の考えを聞いて、励まされていたという事実をどれほどの人が知っているだろうか。

私たちの記憶は、私たちのアイデンティティ（私たちが何者か）をつくるものである。しかし、じつは私たちが忘れている事柄も、私たちのアイデンティティを形成している。

私たちは現代の常識や知識にしたがい、過去の歴史を学び、自分の存在について思いをめぐらす――西洋に住む者は西洋の観念にしたがい、また東洋に住む者は東洋の観念にしたがい。しかし、東洋と西洋は、じつは紀元前の時代から豊かな交流を続けてきた。私たちがそれを忘れてしまうと、アイデンティティはぼやけてしまう。

西洋と東洋が分断されたのは、じつは歴史においては比較的最近のことである。欧米の諸帝国の進出が、西洋と東洋の分断をもたらした。「東洋と西洋」という、便利だが政治的なこの分け方は、比較的最近つくられた観念なのである。それ以前に、両者間に豊かな交流があった。

一六世紀になって、ヨーロッパ人が「東洋」にやって来た。しかしそれよりはるか以前に、数多くの商品や思想が、インドもしくは中国の地からシルクロードの隊商やモンスーンの風に乗り、常にイスラエルやギリシャ等にもたらされていたのである。そしてその逆もまた、真実であった。

今日、東洋と西洋の対話が叫ばれている。だが、これは何も新しいことではない。古代においてすでに両者間に行なわれていたことを、再発見し、再びそれを盛んにしようとする試みにほかならない。

ヘブル語聖書にサンスクリット語が出てくる

聖書は、紀元前一〇世紀ソロモン王のもとで、イスラエルは大いなる繁栄《はんえい》を楽しんだと記している。さらにこのイスラエルの繁栄の背景に、じつはインドとの豊かな貿易があったことを、聖書は示唆《しさ》している。

「(ソロモン)王は海に、ヒラムの船団のほか、タルシシュの船団を持っており、三年に一度、タルシシュの船団が金、銀、象牙《ぞうげ》、さる、くじゃくを運んできた」(I列王記《れつおう》一〇・二二)

この句に出てくる「タルシシュ」とは何だろうか。船団を受け持つ責任者の名前だろうか。それとも、船団の種類を表すものだろうか。あるいは、インドから運ばれた商品を受け取り、そこから隊商を組んでイスラエルに運ぶためのイエメンの港の名前だろうか。それとも、エジプト、ギリシャの港、あるいはインドの港か。学者の意見は分かれている。

しかしはっきりしていることがある。それはこの句に出てくる三つの言葉はインド起源だ、ということである。

たとえば、「象牙」とある原文のヘブル語は、「象の歯」を意味するインドの古代語すなわちサンスクリット語から来ている。「さる」を意味するヘブル語コフは、サンスクリット語のコピ(カピ)から来たものである。「くじゃく」を意味するヘブル語トゥキは、インドの古代語でも同じである。聖書はまた、「フラムはそのしもべたちを通して、何隻かの船と海に詳しいしもべたちを彼のもとに送り届けた。彼らはソロモンのしもべたちといっしょにオフィルへ行き、そこから、金四百五十タラントを取って、これをソロモン王のもとに持って来た」（Ⅱ歴代誌八・一八）

と記している。船団の行ったこの「オフィル」とはどこだろうか。ある学者は、インドのボンベイ近くの町、ソパラのことだと考えている。これらはイスラエル側の記録だが、一方、同様の記録がインドにもある。

インドの仏教徒の文学に『バベル・ジャータカ』と呼ばれるものがある。それには、古代にインドとバビロンの間に持たれていた貿易に関する記述がある。サンスクリット語のこの「バベル」は、聖書で言うバベル、すなわちバビロンのことである。「バベルの塔」のバベルでもある。現在のイラクである。これは紀元前五世紀頃に記されたものと考えられている。そして、

「インドの商人は、定期的にバベル（バビロン）の地へ航海を行なった」

と記されているのである。

古代インドのパーリ語（小乗《しょうじょう》仏教《ぶっきょう》の経典の言葉）の経典にも、同様のことを示唆する記述がある(Kevaddhu Sutta)。仏教徒の言い伝えによれば、この経典は紀元前六世紀にシャカが語り、紀元前一世紀頃に編纂《へんさん》されたものだという。その経典には、昔からずっとインドの商人たちは岸辺よりはるか離れた所まで航海していた、と記されている。

彼らは海の向こう岸や、別の岸辺を探す鳥を幾度も放ち、また探して、その鳥を遠方への航海に役立てようとしていたという。この話は、かつてノアが箱舟から鳥を放って岸辺を探させたという、聖書の話にも似ている（創世記八・一〇）。

それだけでなく、インド洋における航海が、ふつう信じられているよりはるか以前から行なわれていたことを、示しているのである。

ソロモンの逸話とそっくりの物語がインド文学に現われる

古代ユダヤ人と古代インドとを結びつける、次のような事実もある。

インドにあるシャカの前世物語『ジャータカ物語』の一つ（Mahoshadha Jataka）に、聖書の「ソロモン王と二人の母」の話にじつによく似たものが、記されている。それは次のような話である。

ある悪鬼女（ヤクシニ）が、赤ん坊をその実の母から奪い、食べようとした。母はその悪鬼女に立ち向かい、赤ん坊を取り戻そうとする。だが、その悪鬼女は「赤ん坊は私の子だ」と言い張る。

言い争っているうちに、彼らはベネレスの大王（マハーラージャ）の裁判所の前を通りがかった。この大王とはシャカの前世の姿であるという。そして『ジャータカ物語』はこう記すのである。

「大王は二人の言い争いを聞いた。大王は事実関係を調査した。大王は二人に対し、大王の裁定にゆだねるか、と聞いた。二人は同意した。すると大王は、床に一本の線を引いた。

大王は、悪鬼女には赤ん坊の両手をつかむように、また実の母にはその両足をつかむように命じた。そして二人を線の両側に立たせ、言った。

『赤ん坊を線より自分の側に引っ張り込んだ方に、その赤ん坊を与えよ』

しかし、両者が引っ張り始めたとたん、実の母は子どもが苦しんでいるのを見て心をひどく痛めた。彼女は、子どもをつかんでいた手を放し、うずくまって泣き始めた。すると大王は周囲の者に言った。

『どちらが本当の母か。赤ん坊をまだ持っている女か、それとも放した女か』

周囲の者は言った。『赤ん坊を放した女です!』」

この物語の結末は、ハッピーエンドとなる。大王は、赤ん坊を放した女を実の母と認める。そして彼女にその子を返す。一方、悪鬼女は、この裁きをなした大王の前にひれ伏し、以後大王の「五戒」に従うことを誓うのである。

そんな物語が、インドの『ジャータカ物語』に語られている。しかし、聖書を読んだことのある人なら、誰でも「これは聖書の物語にそっくりじゃないか」と思うに違いない。

聖書によると、ある日ソロモン王のもとに、ひとりの赤ん坊を連れた二人の女が来た。両者とも、その赤ん坊の母は自分だと言い張る。するとソロモン王は家来に、「剣をここに持って来なさい」と命じる。剣が持ってこられると王は、

「その子を二つに断ち切り、半分をひとりの女に、もう半分をもうひとりに与えなさい」

と命じる。すると、その子の実の母はひどく心を痛め、大王の前にひれ伏して言うのである。

「わが君。どうか、その生きている子をあの女にあげて下さい。決してその子を殺さないで下さい」

しかしもう一方の女は、

「それを私のものにも、あなたのものにもしないで、断ち切って下さい」

と言う。すると、ソロモンは裁定を下して言う。

「生きている子どもを、初めの女に与えなさい。決してその子を殺してはならない。彼女がその子の母親なのだ」(I列王記三・一六〜二八)

このように、聖書の物語と『ジャータカ物語』は、細部に若干の違いはあるものの、大筋においてあまりに良く似ている。これは、古代におけるユダヤ人とインド人の接触を証拠づけている、と言っていいだろう。

聖書のこのソロモンの話は、紀元前一〇世紀の出来事である。記されたのもその頃である。一方、仏教徒の間ではインドの『ジャータカ物語』は紀元前六世紀、シャカ自身の口から語られたものと信じられている。記されたのはその後の時代である。この物語は多くの人々の間で愛され、語り継がれてきた。

マサダの砦の壮絶死を選んだ背景にインド哲学があった

古代におけるユダヤ人とインドの接触を示す、もう一つのことを見てみよう。

それは、インドの『ジャータカ物語』を世界に知らしめたのは、じつは初期のユダヤ人商人たちだったという事実である。

もともとユダヤ人は、東洋的なものや、非基督《キリスト》教的なものに興味を示す人々である。『ジャータカ物語』などは、とくにそうだ。またそうした物語は、インドに行った旅行者たちがすぐに耳にするものだったろう。だからシモン・セツというユダヤ人が、初めて『ジャータカ物語』をヨーロッパの言葉に翻訳して紹介した人だったという事実も、驚くにはあたらないのである。

別のユダヤ人は、『ジャータカ物語』をヘブル語に訳し、一方、カプアのヨハネというユダヤ人は、このヘブル語訳をラテン語に訳した。そののちアラブ語、スペイン語、ドイツ語、イタリア語、フランス語、また英語にも翻訳された。

インドの『ジャータカ物語』のラテン語版は、『古イソップ物語集』の名で知られている。けれどもイソップ物語と聞けば、多くの人は、紀元前六世紀頃イソップによって語られた古代ギリシャの物語だと思うことだろう。それは本来インドとは関係がないはずである。

ところが紀元前四世紀、ギリシャのアレクサンダー大王の軍隊はインドに達した。彼らギリシャ人はそこで、イソップ物語と同様のものがインドにあることを発見したのである。彼らは自分たちの国に伝わるイソップ物語の多くは、インド起源だと知った。

一九八〇年に、二人のユダヤ人が、ロンドンで出版された本に『ジャータカ物語集』についての記事を書いている。彼らは、イソップ物語の多くはインド起源であると述べている。それらは、古代インドのサンスクリット語の説話集『パンチャタントラ』から来たものと考えられている。

西洋とインドは、このように紀元前の時代から交流を行なっていたのである。そしてその交流において、中心的な役割を果たしたのがユダヤ人であった。

ユダヤ人の持つ『バビロニア・タルムード』(五世紀に成立したユダヤ教の教典)にも、インドとイスラエルの交流に関する叙述が見られる。ユダヤの他の古文書にしてもそうである。とくに、次に述べる西暦一世紀の古代ユダヤ人歴史家ヨセフスの記述は重要だろう。

ヨセフスは、西暦七三年ローマ軍の総攻撃を前にユダヤ人九六〇名が自害して果てた、あの「マサダの砦」（イスラエルの死海の西にある要塞）の壮絶な出来事について記述している。

ローマの支配に反抗し、マサダの砦にこもったユダヤ人たちのリーダーは、エレアザルといった。ローマ軍がいよいよ総攻撃を開始し、その要塞に登って来ようというとき、エレアザルはある主張をして、皆と議論した。それは、戦いを選ぶより、ここで自害して果てた方がいいという主張であった。

エレアザルは様々なことをあげて、それを主張した。そして最終的に、皆に殉教《じゅんきょう》の道を選ぶことを決意させたものは、エレアザルがユダヤ人とインド人を比較して語った次の言葉であった。ヨセフスは記している。

「我々は、いつでも死ねる用意のある者たちだということを、人々に知らせる必要がある。もしこれについて他国の例をあげよと言うなら、私は、哲学で知られるインド人のことをあげよう。彼らは善良な人々であり、肉体からの魂の解放を求める人たちである。……我々の臆病によって、彼らのことを人々に低く見させてはいけない。また、わが国が持ち、人類のすべてに模倣されてきた誇るべき我らの律法《りっぽう》を、人々に卑しめさせてはならない」

エレアザルのこの主張を通し、ユダヤ人九六〇人は結局、殉教の道を選んだとヨセフスは記している。彼らはローマ人の手で辱《はずかし》められるよりも、自害して果てることを選んだ。これは西暦一世紀当時のユダヤ人が、すでにインドの哲学をよく知っていたことを示している。

紀元前四世紀にギリシャの軍隊は、インドに達した。そのときギリシャ人が仏教僧との間に持った会話が、インドの仏典『ミリンダパンハー』に記されている。つまりギリシャ人も、ユダヤ人も、非常に古くからインドについては知っていたのである。そしてインド人の精神性を知り、それを高く評価していた。

私たちが使っている数字はユダヤ人がインドから紹介したもの

ユダヤ人の『タルムード』には、イスラエルとインドの間の胡椒《コショウ》の交易が記されている。またそこには、ソロモン王はインド洋で吹く季節風であるモンスーン（夏は南西から、冬は北東から吹く）を、インドへの航海に利用したとも書かれている。

ユダヤ人は、ご存じのように議論、また討論（ディベート）が好きな人たちである。ヘブル語でディベートや、また議論で熱くなった心のことを、ピルプルという。じつはピルプルという言葉は、胡椒を意味するヘブル語から来ているのである（英語ならば胡椒はペパーという）。

胡椒はイスラエルにとっては、インドからの重要な輸入品であった。それはヨーロッパでもそうだった。うわさでは、ローマ帝国の人々はあまりに胡椒を愛し、インドからたくさん輸入しすぎて破産したとも言われている。

胡椒は当時、金銀と同じくらいの価値があったのである。その胡椒の貿易は、ユダヤ人が行なっていた。今日もそうである。今でもインドのユダヤ人の町では、シナゴーグ（ユダヤ教会堂）への参道で、胡椒を売り買いしている光景が見られる。

ユダヤ人は西暦一世紀、いやそれ以前から、インドに多数住んでいた。インド人クリスチャンたちも、インドに最初に基督教を伝えてくれた人はイエスの使徒トマスである、と述べる。

西暦七〇年に、エルサレムの都はローマ軍によって破壊された。そのときユダヤ人は、インドを含む世界の各地へ離散した。彼らの多くは商人となり、遠い国々を結ぶ交易を引き受けた。ユダヤ人は、ヨーロッパと、インドのヒンズー教徒、また仏教徒たちを結びつける架け橋であった。

当時もそうだが、貿易には文化交流が伴った。たとえば、あるユダヤ人はインドに、数学を学ぶために遣わされた。

これによって西洋は、今日の算術の基本ともなっている1、2、3……の数字を学んだ。私たちがふだん使っているこれらの数字は、「アラビア数字」と呼ばれている。だが、じつはアラビアで出来たものではない。それはインド数字なのである。この記数法は、アラビアを経てもたらされたから、ヨーロッパ人は「アラビア数字」と呼んだ。けれども、アラビア人はそれを「インド数字」と呼んでいる。

それはインドのインダス文明のもとで生まれたものである。ゼロを含む、十進法位取り記数法などもインド人の功績である。それをインドからヨーロッパに伝えたのは、ユダヤ人だったのである。

ユダヤ人はまた、西洋・中近東と、中国・日本等を結ぶシルクロードの交易、文化交流においても、中心的な役割を果たした。また記録では、ペルシャのカシャンでラビの教育を受けペルシャ語をも話すサルマドという名のユダヤ人が、古代のインドで国王の家庭教師になったとある。

このユダヤ人は哲学者、また詩人でもあり、国王おかかえのグル（導師）になった。だが、このまま行くと国王がユダヤ教徒になってしまうと恐れたイスラム教徒が、その国王とユダヤ人の両方を殺してしまった。

世界の多くの国々にある文書で、紙に書かれたもので一番古いものは何かというと、ヘブル語で書かれた文書だという場合が非常に多い。この「紙」は中国で発明されたものである。これらの事実は、ユダヤ人が中国に早くから行っていたこと、また彼らが世界中のユダヤ人と常に連絡を保っていたことを示している。

かつてモンゴル帝国においても、ユダヤ人は政府の中枢に入っていた。最近の研究によれば山西省出身のユダヤ人、ゾウ・ズフ（ゾウとはユダヤ人の意味）は、チンギス・ハンのもとでその側近となっていた。彼の妻も有徳の女性だった。もっとも、中国文学の中では彼女は完璧な「儒教徒」だったとされて、称賛されている。

以上、私がここに述べたことは、今後の研究や学びのための、若干のヒントとなるにすぎない。今後、私たちが過去の歴史の記憶を呼び戻すためには、ユダヤ人、基督教徒、また仏教徒の学者たちが力を合わせて、互いの交流の歴史を見直していく必要があると思う。

著者序文

本書は、ユダヤ教ラビ、M・トケイヤー著『日本・ユダヤ封印の古代史』（久保有政訳　徳間書店刊　初版一九九九年一月）の姉妹本として執筆したものです。

ラビ・トケイヤーの『日本・ユダヤ封印の古代史』は、日本神道や日本古来の風習と、古代イスラエル宗教との類似性を明らかにしました。

また、いわゆる「イスラエルの失われた十部族」が日本にやって来た可能性を探ったものとして、非常に多くの方々から反響が寄せられたものです。

訳者である久保のもとにも、連日たくさんの反響が届きました。日本という国の不思議と、そこに隠された秘密が浮かび上がってくるのをみて、今もワクワクしています。

その後、この本の【仏教・景教編】を書いてくれないか、との依頼がありました。これは当初、私には、日本神道とイスラエルについて書くより難しい、と感じられました。

しかし最近の研究から、いわゆる大乗仏教は、西暦一世紀にインド方面にすでに伝わっていた原始基督教の影響、およびその後の「景教」（古代東方基督教）の影響を強く受けて成立したことが、わかってきました。

そして、インド方面に伝わったこの原始基督教、およびアジアに伝わった景教は、西洋の基督教とは違って非常に〝ユダヤ的な基督教〟でした。さらに実際、彼らの中にはイスラエルの失われた十部族の子孫も少なくなかったことが、明らかになってきたのです。そういうわけで、この姉妹本の発刊となった次第です。

インドや中国に、古代基督教はどのようにして伝わり、どのような影響を与えたのでしょうか。また景教とはどのような教えで、景教徒はどんな功績を残したのでしょうか。仏教や、日本の文化と、それらはどのようにかかわっているのでしょうか。本書ではそのようなことを扱っています。

後半部ではまた、仏教、基督教（景教）、ユダヤ教の教えの幾つかについての比較研究も行なっています。

これらによって、読者が日本の伝統、文化についてさらなる思いを広げ、ユダヤを知り、景教を知り、日本人として何を心の拠《よ》り所としていくのがよいか――考えていただくよすがとなればと、願っています。

二〇〇〇年一月一日

ケン・ジョセフ
久保有政

日本・ユダヤ封印の古代史②／目　次

第6章　仏教より早く日本に入ったユダヤ的基督教　125

第7章　日本に入った景教　165

第8章　聖徳太子と古代基督教　187

第9章　阿弥陀仏とユダヤのメシヤ　205

第10章　仏教の「涅槃」と基督教の「永遠の生命」　221

第13章　仏教の「死後観」とユダヤ教・基督教の「死後観」　263

本書における聖書引用は、新改訳聖書（日本聖書刊行会）によっている。

装幀―川畑博昭
カバー写真―長谷川剛明
モンタージュ制作―荒木慎司
本文デザイン―浅田恵理子
編集―橋上祐一／スタディオ・フォニオ
校正―麦秋アートセンター

第1章

大乗仏教と古代基督教のかかわり

ケン・ジョセフ
久保　有政

大乗非仏説

仏教には、よく知られているように「小乗仏教《しょうじょうぶっきょう》」と「大乗仏教《だいじょう》」があります。「小乗仏教」（上座部《じょうざぶ》仏教）は、大乗仏教成立以前の仏教諸派の総称で、現在もセイロン、タイ、ミャンマー（旧ビルマ）、インドシナなどに見られる仏教です。

一方、「大乗仏教」は、旧来の小乗仏教が個人的解脱《げだつ》の教えであるのに対し、広く人間の全般的救済と成仏《じょうぶつ》の教義を説きました。大乗仏教は西暦一～二世紀頃に成立しました。中国、日本などに伝わった仏教は、大乗仏教です。

大乗仏教には、すでに一世紀にインド方面に伝わっていた原始基督教《キリスト》の影響、および、ユダヤ的基督教であった「景教《けいきょう》」（古代東方基督教）の影響があると言われています。これはいったいどういうことなのでしょうか。

大乗仏教については、

「大乗仏教はシャカ自身の教えではない」

という「大乗非仏説《ひぶつ》」が、仏教徒を含む様々な学者の間で広く論議されています。実際、大乗仏教の教えを検討してみるならば、シャカの直説《じきせつ》とは言えない教えが数々混入していることは明らかです。

シャカは、長い苦行《くぎょう》の末に「悟り」を開き、一切のものは空《くう》（無我《むが》）であると説いた人でした。彼は、この世界も、苦も、生も、死も、すべては空であり、実体のないものであると説いたのです。彼の思想は、もともと無神論で、神、あるいは神的存在者に関する思想は持っていませんでした。

ところが大乗仏教になると、「大日如来《だいにちにょらい》」（大ビルシャナ仏）とか「阿弥陀仏《あみだぶつ》」というような〝神的存在者〟が出てきます。

「大日如来」とは、「光明《こうみょう》があまねく一切を照らす」という意味で、宇宙の実相を霊化した存在者です。また「阿弥陀仏」とは、極楽浄土《ごくらくじょうど》に住むとされる神的存在者で、この仏を信じ「南無《なむ》阿弥陀仏」と唱えれば、どんな人でも極楽に往生《おうじょう》できる、と説かれたのです。

また大乗仏教には、「浄土」とか「仏国土《ぶっこくど》」という思想があります。「浄土」（仏国土）は、基督教で言えば「天国」です。「浄土」の思想は、もともとシャカの教え、すなわち原始仏教にはなかったものです。

また、小乗仏教においては、この世界の事物は「空」（無我）であり「無常《むじょう》」（すべては変化する）であるという世界観にほとんど終始していたのに対し、大乗仏教になると、変化きわまりない「無常」の世界の奥に、さらに「常住《じょうじゅう》なるもの」（変わりなく存在するもの）を捉《とら》えようとします。すなわち大乗仏教になると、移り変わる物事の奥に、〝永遠的なもの〟を探ろうとするのです。

また、大乗仏教の一派である浄土宗などになると、もともと原始仏教にはなかった「罪」の概念が、盛んに言われるようになります。たとえば、親鸞《しんらん》（一一七三～一二六二年）は人間の持つ「罪」というものを強く意識した人です。寺の中にも「懺悔滅罪寺《ざんげめつざいでら》」と呼ばれるものが現われました。

さらに大乗仏教には、末法《まっぽう》思想と呼ばれる歴史観、および「弥勒《みろく》」と呼ばれる未来の救い主に対する信仰があります。この思想によると、シャカの死後長くたった現代は〝末法の世〟で、シャカの教えが実行されず、世も乱れる時代であるとされています。けれども将来、「弥勒」と呼ばれる仏がこの世に現われて、シャカの教えに漏《も》れた人々を救う、という信仰があるのです。

これは言わば、〝救い主が将来この世に現われて、人々を救う〟という信仰です。このような思想は、もともと原始仏教にはなかったものなのに、いったいどこからきたのでしょうか。

そこには古代基督教の影響も……

大乗仏教には、「大日如来」や「阿弥陀仏」というような神的存在者の思想、「浄土」の思想、「常住なるもの」の思想、「罪」の思想、「弥勒菩薩《みろくぼさつ》」の思想など、もともと原始仏教にはなかった思想が、数々混入しています。

これらの思想は、基督教について多少なりとも知識を持っている人なら、誰でもすぐわかるように、基督教の思想にあまりによく似ています。実際、仏教史学の権威エリザベス・A・ゴードン女史は、例えば弥勒菩薩について、その語源を調べた結果、

「(弥勒の原語である) インドのマイトレィアは、中国ではミレフ、日本ではミロクで、これはヘブル語のメシヤ、ギリシャ語のキリストである」

と結論しています。ヘブル語の「メシヤ」が、インドでは「マイトレーヤ」、中国では「ミレフ」、日本

では「ミロク」となったのです。また阿弥陀仏についても、仏教史学の権威アルティ氏は、

「阿弥陀仏の教義は……インドでつくられたものではない。中国仏教は、カシミールやネパールから伝来したもので、阿弥陀仏は、当時この地方に影響を与えたペルシャのゾロアスター教と基督教に起因する」

と述べました。

また聖書には、

「見えるものは一時的であり、見えないものはいつまでも続く」(Ⅱコリント人への手紙四・一八)

とあり、変化きわまりない世界の奥に、永遠なるものを見ています。大乗仏教が「常住なるもの」を強調するようになった背景にも、こうした聖書の思想の影響があった、と言われているのです。

じつは、この大乗仏教の成立に影響を与えた「基督教」は、カトリックやプロテスタントといった西洋のキリスト教ではありません。インド方面に早くから入っていた原始基督教、および「景教」と呼ばれる古代東方基督教です。

とくに弘法大師《こうぼうだいし》・空海《くうかい》の開いた高野山《こうやさん》の真言密教《しんごんみっきょう》などでは、真言密教の成立に景教が深くかかわっていたことを、お坊さん自身が認めます。真言密教は、古代の世界的宗教であった景教なども包み込んで出来た「大きな宗教なのだ」、という捉《とら》え方をしているようです。

古代インドにあったユダヤ人共同体

では、歴史的には、どのようにして古代基督教の思想が大乗仏教の中に混入していったのでしょうか。

ラビ・M・トケイヤーが本書の「序文」で述べているように、インドは、紀元前の時代からユダヤ人や、中近東、ヨーロッパ世界と多くの交流を持っていました。

たとえば、紀元前一〇世紀に記されたヘブル語聖書に、インドのサンスクリット語が使われている。また、インドで紀元前五世紀に記されたとされるパーリ語の経典に、インドとバベルの間の交易のことが記されている。

インドの古代文学の中に、聖書の「ソロモン王と二人の母」の話にそっくりのものが見られる。紀元前六世紀頃書かれたギリシャの『イソップ物語集』の多くは、インドの古代文学が起源であった。マサダの砦《とりで》で死んだユダヤ人たちは、インドの哲学を知っていた。

そのほか、多くのことをみました。インドに住むユダヤ人研究家ヨセフ・ベンジャミンもまた、仏教やヒンズー教の説話に、聖書の物語が数多く混入していると指摘しています。ユダヤ人は紀元前の時代から、インドをはじめ東洋諸国と、ヨーロッパ・中近東の間を行き来していたのです。

ラビ・トケイヤーはまた、いわゆる「イスラエルの失われた十部族」の多くが、シルクロードを通って東方へ向かったことを明らかにしています。「イスラエルの失われた十部族」とは、紀元前七二二年、アッシリヤ帝国に捕囚《ほしゅう》となった「北王国イスラエル」の十部族の人々のことです。

ソロモン王の死以来、古代イスラエルは「北王国イスラエル」と、「南王国ユダ」に分かれていました。今もアフガニスタン、パキスタン、インド、カシミール、ミャンマー、中国の一部などには、このイスラエルの失われた十部族の子孫が住んでいます。

一方、南王国ユダの人々とその子孫を、一般に「ユダヤ人」と言います。十二部族からなるイスラエル人全体を「ユダヤ人」ということもありますが、「ユダヤ人」のもとの意味はそういうことです。

南王国ユダの人々――ユダヤ人は、紀元前六世紀にバビロン帝国によって捕囚され、バビロンの地に連れ去られました。その後バビロン帝国は、ペルシャ帝国に征服されました。ペルシャは、ユダヤ人にエルサレムへの帰還《きかん》を許します。

そのため多くのユダヤ人がエルサレムに帰ります。しかし帰らずに、ペルシャの地に残るユダヤ人たちも多くいました。それは旧約聖書のダニエル書や、エステル記にある通りです。彼らの中には、その後シルクロードを東西に行き来する商人となる者が多くいました。

彼らがいわゆる「東ユダヤ人」です。東方に住んだユダヤ人という意味です。彼らはシルクロードの各地に、ユダヤ人の共同体をつくりました。シルクロードには、六日の旅路ごとにユダヤ人の共同体と、シナゴーグ(ユダヤ教会堂)があったくらいです。ユダヤ人は七日ごとに安息日を守らなければなりませんから、その日は旅ができないのです。

とくにインドには、大きなユダヤ人共同体がありました。これは紀元前の時代からあったもので、インド南西部ケララ州などにありました。今もそこにはユダヤ人共同体があります。

そこはまた、西暦一世紀に、イエス・キリストの使徒トマスが伝道に行った所でもありました。

キリストの使徒トマスはインドに伝道に行った

キリストの十二弟子のひとりであった使徒《しと》トマスは、インドに、西暦五二年にやって来ました。当時シルクロードの各地、とくにインドに、大きなユダヤ人共同体があったことはユダヤ人の間ではよく知られたことでした。ユダヤ人は、シルクロードを旅して来た人々に出会うごとに、

「どこそこに大きなユダヤ人共同体があるぞ」

といった話を聞いていたのです。それでエルサレムにいるユダヤ人も、はるか東のインドに大きなユダヤ人共同体があると知っていました。それで使徒トマスは、インドに向かったのです。彼はそこに着くと、

「私たちの待ち望んだメシヤ（キリスト）が来た」

と同胞に伝え、さらに異邦人《いほうじん》への宣教も行ないました。

東京大学の高楠《たかくす》順次《じゅんじ》郎《ろう》博士や姉崎《あねざき》正治《まさはる》博士など日本の学者たちとも親しかったアーサー・ロイド博士は、使徒トマスについて研究し、

「トマスのインドでの伝道は疑う余地がない」

と書いています。また、インドで三五年間働いたジョン・スチュワート宣教師が、『景教徒の事業』という本を書いています。彼は、トマスについて次のように述べています。

トマスは、キリスト昇天の二年後にはパルティア（アッシリヤ、ペルシャの地域）で伝道していました。

その後、彼はさらにインド方面へ向かいます。

インドに伝わる伝説によれば、トマスはインド南西部のマラバル海岸、コチンのクランガノールの近く、マランカラ島に上陸しました。これは古代の港ムジリスにあります。トマスはその地で、王から庶民《しょみん》に至るまで、あらゆる階層の人々に伝道し、信者を獲得しました。

また非常に多くの人々に洗礼《せんれい》を授けました。彼は七つの教会を建て、二人の司祭を任命しました。トマスはそののちインド東海岸のミラポール（今のマドラス）に行き、そこの王をはじめ民を改宗させます。

またある伝説によれば、トマスはその後、一時、中国に伝道に行きました。今の北京《ペキン》のあたりまで行き、信者をつくって教会を建てました。そののち再びインドに戻って伝道したといわれます。

西暦七二年に、トマスはインドのミラポールで殉教した、と伝えられています。殉教したその地は「トマスの丘」と呼ばれています。遺体はミラポールに葬《ほうむ》られました。また五世紀頃、テオドラという人が、フランスのクールの監督グレゴリーに対して、

「南インドのミラポールにトマスの墓があった」

と伝えています。また一三世紀、マルコ・ポーロの日記には、

「トマスの墓を、預言者の墓、またはアベリア（聖人）の墓と呼んでいる」

と記されています。今は、そこはカトリック教会内にあり、多くの人がトマスを慕って訪れる所となっています。

今日も南インドには、トマスの名で呼ばれる教会があります（聖トマス教会）。その地方の基督教徒は、

自分たちを「トマス・クリスチャン」と呼んでいます。

インドに伝わる伝説によると、インダス河上流付近のカーブルおよびゴンダラを領有していたパルチャの王ゴンドファルという人がいました。この王は、宮殿建築のために建築家を募集しました。

その中にトマスがいました。しかしトマスは伝道のために来たのですから、建築を断ります。ところがその夜、イエスの霊が現われて彼を励まします。それでトマスは、海路インドに渡り、王の宮殿を建てました。

当時インドは木材建築でしたが、トマスはユダヤの技法を用いて立派な石造り宮殿を築きました。それでトマスは王の厚遇《こうぐう》を受け、伝道の道も開けました。トマスは、王から支払われた報酬を、貧しい人たちに分配しました。

ところがこれを見た王は、トマスは貧しい人たちを集めて国盗《くにと》りをしようとしていると誤解、彼を投獄してしまいます。しかしトマスは、奇跡的に牢獄を脱出します。

そののち、王の弟が死んで、蘇生《そせい》します。そのときその弟は、

「天国に行くと、トマスが王のために建てた宮殿がありました」

と王に伝えます。王は驚いて回心し、トマスから洗礼を受けます。そしてトマスの伝道を助けた――そんな話がインドに伝わっています。

トマス以外にも、キリストの十二弟子のひとりバルトロマイ（ナタナエル）も、インドに伝道に来ました。古代に生きた聖書学者ヒエロニムス（教父でもある　三四七～四二〇年）の記すところによれば、バルトロマイはインドで伝道し、最後はアルメニアのアルバノポリスで死にました。

またアレクサンドリアのクレメンス（一五〇年頃～二一五年頃）の記すところによれば、アレクサンドリアのパンテニウスという基督教徒が、一八五年頃にインドに伝道に行きました。すると、基督教はすでにそこに伝えられていたとのことです。バルトロマイの持ってきたヘブル語の『マタイの福音書』も、その地にあったと言います。

このようにインドには、すでに西暦一世紀に基督教が伝えられ、非常な勢いで広がっていたのです。

ユダヤ人の中にもかなりの改宗者がいた

トマスやバルトロマイが東洋の地で宣教をしたとき、インドや、シルクロード各地にいたユダヤ人の中にも、基督教への改宗者がかなり生まれたようです。

はじめ基督教が起こったとき、本国のイスラエルではユダヤ人改宗者はいましたが、それほど多くはありませんでした。キリストの福音《ふくいん》はどちらかというと、異邦人の方に爆発的に広がっていったのです。

しかしインドや、シルクロード各地のユダヤ人共同体においては、キリストの福音を受け入れるユダヤ人も多かったようです。実際、のちにアジアに広がった「景教徒」と呼ばれる古代東方基督教徒の中には、かなりのユダヤ人や、イスラエル十部族の子孫がいたことがわかっています。

本国のユダヤ人というのは、かなり頑固です。それに対し異国の地にいるユダヤ人は、遠く本国からやって来たユダヤ人がいると、熱心にその話に聞き入ります。「本国ではどんなことがあったんですか?」

「こんなことがあったんですよ」という具合で、熱心に話を聞いてくれたでしょう。ましてやテレビや電話のない時代ですから、なおさらです。

私はこれについて、ラビ・トケイヤーにお尋ねしたことがあります。彼はユダヤ教のラビですから、ユダヤ人の中に基督教への改宗者がいたことを、あまり認めたがりません。基督教への改宗は、ユダヤ教徒にとっては裏切り者になることです。

しかし彼は、インドやシルクロードの各地でユダヤ人の中にある程度の改宗者がいたことを、認めました。私は実際、古代の東方基督教徒の中には、「ある程度」どころか、かなりのユダヤ人改宗者がいたのではないか、と思っています。

もちろん異邦人も多く改宗しましたが、ユダヤ人も多く改宗しました。ユダヤ人共同体の中で、基督教に改宗した人はかなり多かったように思えます。

インドに影響を与えた原始基督教

いずれにしても、インドではこのように、西暦一世紀においてすでに基督教勢力はかなりのものになっていました。二世紀には基督教徒の数もさらに増え、三世紀には基督教の団体もあったことが知られています。

ですから、大乗仏教「八宗《はっしゅう》の祖」といわれる「竜樹《りゅうじゅ》」（ナーガールジュナ　西暦一五〇年頃～二五〇年頃）

が、基督教思想に触れたことは確実と思われます。彼は南インドのバラモン出身です。実際、彼以後、仏教思想は大きく変貌し、非常に基督教的な要素が見られるようになるのです。

竜樹は、「竜宮」で法華経《ほけきょう》を授けられたといいます。また密教（仏教の一区分）界においては、竜樹はその後「南天《なんてん》の鉄塔《てっとう》」中で、金剛薩埵《こんごうさった》（一種の神的存在で大日如来の弟子）から大日如来に関する経典「大日経」を授かったとされています。しかし竜樹は、その「竜宮」や「南天の鉄塔」がどこにあるかを語りませんし、また、いかにしてそのような神秘的な経典授与がなされたかについても語りません。

森山諭《もりやまさとし》氏は、その著書の中で、竜樹が授かったとする大日経の内容は太陽崇拝、バラモン教、基督教、ゾロアスター教などの影響を受けた混合宗教であったと、述べています（『神道と仏教とをただす』ニューライフ出版社刊）。

したがって、これらの経典が誰から授けられたにしても、あるいは誰かの創作によるものであったとしても、以後、仏教思想は大きく変貌したのです。

また竜樹は経典を授けられた際、金剛薩埵から「灌頂《かんじょう》」を受けたとされていますが、これは頭に水をかける儀式で、それ以前の仏教にはなかったものです。竜樹は、基督教の洗礼をまねて、こうした儀式を取り入れたと言われています。

一方、一～二世紀頃成立したと言われる古代インドの叙事詩『バガバッド・ギーター』中に、新約聖書の『ヨハネの福音書』からの借用と見られるものが、たくさんあります。

ジョン・スチュワートはそれらを対照表にして、詳しく解説しています。彼は、インドの「クリシュナ」信仰は、インドにおける基督教の発展にいらだったバラモン教徒が、

「イエス・キリストと競えるような神聖な表徴を求めて作りだしたものと思われる」

と述べています。

じつはこの「クリシュナ」というのは、インドの太陽神ビシュヌの化身《けしん》とされる者です。大神ビシュヌをもっと身近にした、その化身がクリシュナであるというわけです。これは基督教において、天の父なる神をもっと身近にした化身がイエス・キリストである、というのと同じです。

ビシュヌは、ビルシャナのことであり、日本で言う「大ビルシャナ仏」です。あの東大寺の大仏がそうです。仏教には「顕教《けんきょう》」と「密教《みっきょう》」の二種類があり、顕教では、大ビルシャナ仏と言います。密教ではこれを「大日如来」と言います。実際、大ビルシャナ仏、大日如来は、基督教でいう「天の父なる神」によく似ています。

イエス伝とシャカ伝はなぜ似ているのか

二世紀のインドに、「馬鳴《めみょう》」（アシュバゴーシャ）という仏教詩人、布教家がいました。彼はインドの王の命令を受けて、シャカの伝記をつくりました。ところが、その伝記、仏讃には基督教の観念に刺激されたとみられる部分が少なくありません。

たとえば、シャカが菩提樹《ぼだいじゅ》の下で解脱《げだつ》する前に三つの誘惑を受けるという話。これは、イエスが公生涯に入る前に受けた三つの誘惑の話を思い起こさせます（マタイの福音書四・一〜一一）。

また、貧しい少女が塵《ちり》の中から掘り出した二枚の銅貨をシャカに捧げて、シャカに称賛されたという話。これは、貧しいやもめが二枚のレプタ銅貨を神に捧げてイエスに称賛されたという、聖書の話を思い起こさせます（マルコの福音書一二・四二）。ドイツのウィンテルニッツ博士も、

「この話は仏教徒が、基督教の伝道者から聞いたものと考えられる」

と述べています。ある日本人仏教徒はまた、イエス伝とシャカ伝とを読み比べて、両者の間に多くの類似点があるとし、次のように説明しています。

両者の出生は、イエスがダビデ王の子孫であり、一方シャカが浄飯王《じょうぼんおう》の子というように、共に王者の血をひいている。またその母の処女性――イエスの母マリヤと、シャカの母マヤ夫人にまつわる処女懐胎伝説。また、やがて真理によって世界の王となることを、共に幼児期に女性によって預言されたこと。

少年期に共に、それぞれ祭司たちやバラモンを驚嘆させる才能を示したこと。成長期の空白――共に三〇歳頃までがブランク。イエスのヨルダン川での洗礼と、シャカのニレンゼン川での洗身の類似。イエスの荒野における四〇日間の悪魔の誘惑と、シャカのブッダガヤの菩提樹の下における四九日間の同様の誘惑。両者共に救世主とされ、治癒神《ちゆしん》の系譜を引いていること。

さらに、仏典『ミリンダパンハー』（一世紀頃に原型がつくられ、のちに内容が増し加えられていった）の中には、イエス・キリストの復活の奇跡によく似たものさえある。このようにイエスとシャカの伝記は互いによく似ている、と述べています（堀堅士著『仏教とキリスト教　イエスは釈迦である』第三文明社）。

別の人は、イエス伝とシャカ伝の類似性について、こう感想をもらしています。

「釈迦《シャカ》伝を読んでいると、ときどき『おやっ』と思うことがある。『新約聖書』に描かれたイエス・キリ

ストの像と二重映しになることがあるからだ。仏教とキリスト教はまるで違った宗教なのに、その開祖の伝記にこうも一致するところが多いのは、不思議なくらいである」（増原良彦著『釈迦の読み方』祥伝社）

ある仏教徒はまた、これらのことから、イエスの伝記はじつはシャカの伝記を「真似て作ったものだ」、と言いたいように見受けられます。しかし、この主張は無理でしょう。

シャカ伝におけるイエス伝に似た内容はすべて、イエスの使徒トマスやバルトロマイがインドに伝道に行った西暦一世紀後半以後になって、仏教文学の中に現われるようになったものです。仏教徒は、トマスらの伝えるイエス伝を聞きました。それで彼らはシャカ伝を、イエスに対抗し得るだけの救世主像となそうとした――そう考えるのが最も妥当と思われるのです。

中国とチベットに伝わった原始基督教

じつは原始基督教は、中国やチベットにも、すでに西暦一世紀中に伝えられていました。

先に述べたように、使徒トマスはインドにおける伝道ののち、一時、中国の北京あたりにも伝道に行きました。

また、西暦一七〇〇年頃出版された中国の古文書『神仙綱鑑《しんせんこうかん》』において、その著者、道教《どうきょう》の僧・徐道《じょどう》は、次のような西暦一世紀頃の中国の記録を紹介しています。

それによると、後漢《ごかん》の光武帝《こうぶてい》（在位二五～五七年）の時代に、チベットの人々が中国に侵入しました。

中国はこれを撃退しましたが、このときチベットの人々は、キリストに関する話を残して去ったというのです。

その話とは、中国から西におよそ三年間旅をし、中国の距離の計り方で一九万七〇〇〇里行くと、ある国に達する。そこでは辛酉《しんゆう》元年（西暦一年）に、マリヤという処女が、天の神の示しを受けて子をはらんだ。彼女は子を産むと、布に包んでまぶねに寝かせた。そのときすべての天使が音楽をもって空中を満たした……というものです。それで徐道は、

「トマスは中国に来る前に、チベットにも福音を伝えているかと思われる」

と書いています。

さらに、中国に『漢法本内伝《かんぽうほんないでん》』という書物があって、次のような話を伝えています。

西暦六四年、後漢の明帝《めいてい》は、遠い西の国へ使者を送りました。それは彼がある夜、「弓と矢」を持って「西を指していた真人」の姿を不思議な夢の中に見て、その「真人」「神人」について知りたいと思ったからでした。

使者たちは途中、「白馬」に乗った二人の宗教家に出会いました。それで彼らを中国に連れてきました。その宗教家たちはそののち、六年後の彼らの死のときまで中国にいて、その宗教を教えました。

じつは中国のこの本の中では、この「宗教」は仏教とされ、仏教が初めて中国に入ったときの話として記されています。しかし歴史学においては、中国に初めて仏教が入ったのは二世紀以降とされています。そのため仏教徒の学者でさえ、一世紀に仏教が中国に入ったとするこの話を信じてはいません。

アーサー・ロイド博士らは、この話は、じつは西暦一世紀に中国に入った基督教宣教師たちのことを、

仏教風に変えたものだと考えています。というのは新約聖書の『ヨハネの黙示録《もくしろく》』において、キリストは「白馬」に乗って「弓（と矢）を持ち」「勝利に勝利を重ねる」者として描かれています（六・二）。つまり、基督教の宣教師が来た記録が、仏教のものに変えられたようだと述べています。

最近、中国の南京《ナンキン》において何年ものあいだ宣教師として働いた人が、中国の歴史を研究して本を書いています。彼は、西暦一世紀の後半において、ある種の宗教的覚醒、宗教的運動が中国の広い範囲で起こったという証拠がある、としています。

それが基督教のものであったかどうかまでは、はっきりしません。しかし原始基督教のものであったと考えるのが、最もあり得ることのように思えます。

第2章

東洋に広がった景教は
ユダヤ的基督教だった

ケン・ジョセフ
久保　有政

「東方基督教」としての景教

原始基督《キリスト》教がインドや中国に伝わったのち、「景教徒《けいきょうと》」と呼ばれる人々もたくさん、シルクロード付近をはじめ、インド、中国に伝道に来ました。この「景教」というのは、じつは非常にユダヤ的な基督教でした。

「景教」も、大乗仏教と深いかかわりがあります。

景教は、アッシリヤ（シリア）地域で生まれ、のちに東方世界に広がり、シルクロード付近のほぼ全域に広がった東方基督教です。この教えは中国で「景教」（中国語でチン・チャオ）と呼ばれました。これは〝光明の教え〟の意味です。

景教は、しばしば「ネストリウス派基督教」とも呼ばれています。しかし、この名称は適切ではありません。なぜなら、景教徒たちはネストリウスを、自分たちの「教祖《きょうそ》」とは考えていなかったからです。彼らの教祖はイエス・キリストであり、その教会の初代大主教《だいしゅきょう》（パトリアーク）は、使徒トマスでした。

「ネストリウス派」とか「ネストリアン」という呼び名は、ローマ・カトリック側が彼らを呼んだあだ名、あるいは悪口です。景教徒たち自身は、自分たちを「ネストリウス派」とは呼びませんでした。

景教は基督教の「新しい一派」ではないのです。景教は、原始基督教の流れを汲む東方基督教です。景教と、原始基督教との間には一貫性があり、両者の間に大きな違いがあるわけではありません。
基督教会は四三一年の「エペソ公会議」において、西方教会と東方教会の分裂ということを経験しました。西方教会はローマ・カトリック、一方、東方教会はアッシリヤ（シリア）東方教会のことです。このアッシリヤ東方教会が、「景教」と呼ばれた教会です。

歴史をみると、ローマ・カトリックは一六世紀にも、さらにプロテスタントとの分裂を経験します。しかしそれより一〇〇〇年以上前、五世紀にも、東方教会（景教）との分裂を経験したわけです。

当時五世紀に、すでにローマ・カトリックでは、イエスの母マリヤが「神の母」と呼ばれ始めていました。「マリヤ様」と呼びかける折りも始まっていました。本来の基督教から少しずれ始めていたのです。

これに対し、当時のコンスタンチノープルの主教ネストリウスが、異議を唱えました。
「マリヤをキリストの母と呼ぶのはよい。しかし神の母ではない。神に母はいない」
これは今日の基督教プロテスタントの考えと同じです。マリヤを「神の母」と呼ぶのは女神崇拝になる危険があるからです。こうやって論争が始まりました。

結局、ネストリウスの考えはローマ・カトリックには理解されず、彼と彼の支持者は「異端《いたん》」の烙印《らくいん》を押されて追放されました。しかしアッシリヤ東方教会は彼を支持し、彼を受け入れました。信仰的に同じだったからです。こうしてアッシリヤ東方教会と、ローマ・カトリックは袂《たもと》を分かったのです。

しかし、異端と呼ばれたら異端なのではありません。かつてプロテスタントも、ローマ・カトリックからは異端と呼ばれました。聖書の教えからみると、ネストリウスらの理解の方がより本来の基督教に近かった、と言っても決して過言ではありません。

ネストリウスとその支持者たち、つまり「景教徒」と呼ばれた人々は、正統派基督教信仰である「神の三位一体《さんみいったい》」を信じていました。

また、彼らはキリストの神性と人性の両性を信じていました。ある人は誤解して、ネストリウスが「キリスト単性論者」と呼ばれる異端だったと書いていますが、これは違います。ネストリウスも景教徒たちも、キリストの神性と人性の両方を信じていました。単性論者は、エウテケスやディオスコロスらであって、ネストリウスは違います。

さらに、キリストの両性の関係に関するネストリウスの考えも、決して「異端」と呼べるようなものではありませんでした。プロテスタントに属する日本基督教団の手束正昭《てづかまさあき》牧師は、こう書いています。

「ネストリウスの見解は……聖書そのものからは決してはずれてはいなかったのです……ネストリウスの見解を政治的に異端としてしまったことは、後の教会にとって計り知れない損失をもたらしたのでした。……最近神学的にもネストリウスを再評価する傾向が目立っています」（『キリスト教の第三の波』キリスト新聞社刊）

中国で発見された様々な景教文書、景教の教典、また「大秦景教流行中国碑《だいしん》」（詳細後述）などをみても、景教徒の信仰内容に異端的なものは見いだされません。

また一九世紀に、中近東に住む景教徒と一緒に暮らした経験を持つ、アサヘル・グラントという人がいます。彼は本を書いていて、景教徒が一切偶像をつくらないことに感銘を受けたと記しています。彼は景教徒のことを、「アジアのプロテスタント」と呼びました。

西方教会（ローマ・カトリック）と東方教会（景教）は分離したわけですが、これはどうも単なる教理上の問題だけではなかったようです。

西方教会は白人であり、東方教会は有色人種でした。結局、両者の分離は、白人が有色人種を追い出すかたちでした。根底にあったのは、じつは人種的な問題だったと指摘されているのです。白人にとっては、「有色人種が生意気なことを言っている」ぐらいにしか感じられなかったようにも思えます。

じつは当時、西方教会の基督教は、知らず知らずに当初の基督教とは少し違うものになり始めていました。ローマ・カトリックの基督教は、率直な言い方を許していただくと、ローマの様々な宗教的伝統を取り込んだ基督教です。それは「基督教のユダヤ性」を極力排除したような基督教です。たとえば、ある教会会議からは、ユダヤ人はひとりも参加しなくなりました。

それに対し東方教会の基督教、すなわち景教は、基督教のユダヤ性をよく残した基督教でした。東方教会ではもともと、ユダヤ人が多かったこともあります。原始基督教の特徴は、東方教会の方でより良く保存されていたのです。

以後、西方基督教（ローマ・カトリック）は「白人の宗教」化していきます。一方、東方基督教（景教）は「東洋の宗教」となっていきました。

景教はシルクロード付近に広がった

東方基督教は、まずアッシリヤやペルシャなどの地域でかなり栄えました。

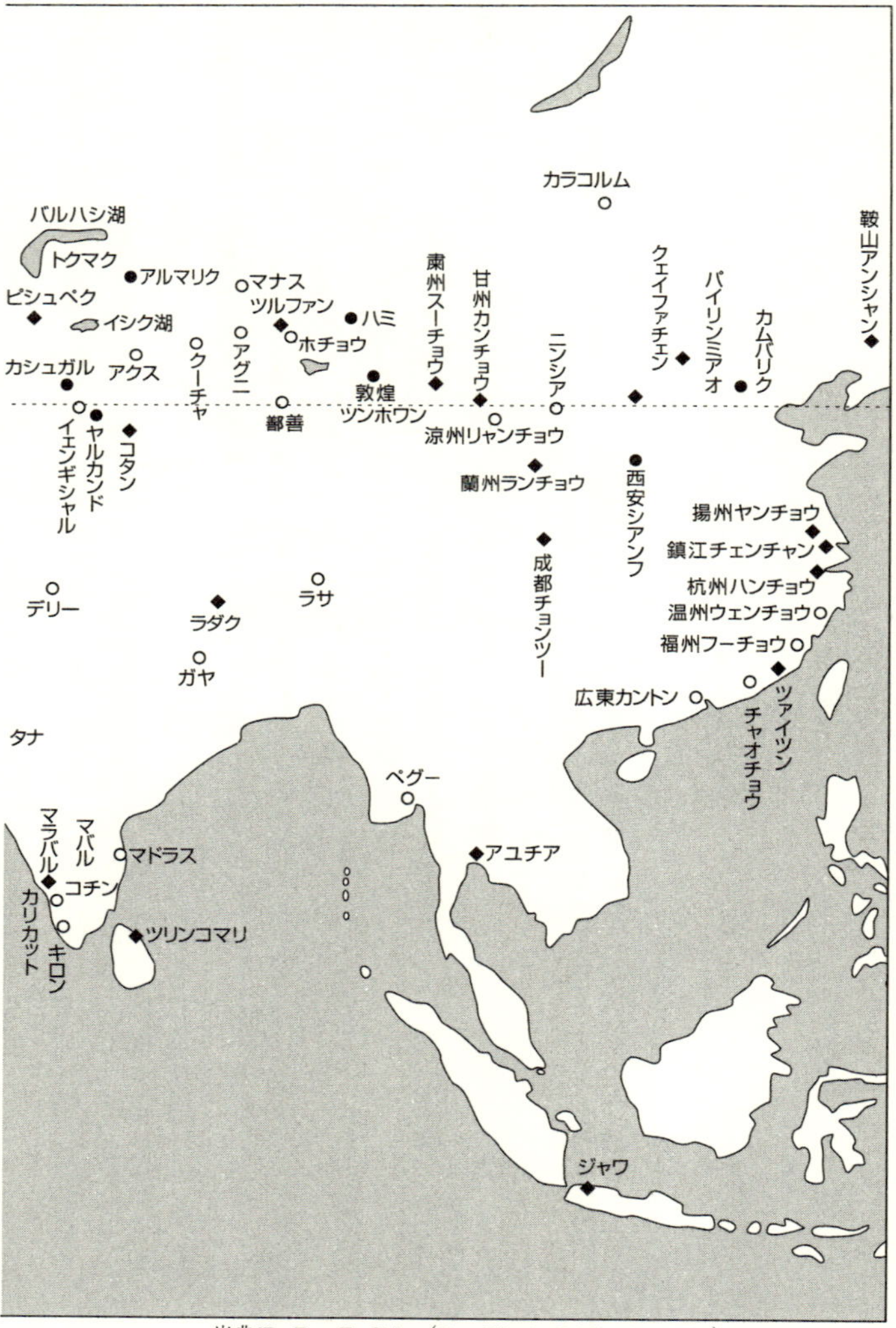

出典:By Foot To China（Grey Pilgrim Publications,USA）、John M.L.Young

シルクロード全域に広がった景教の教会（5～14世紀）

初期の有能な指導者バル・サウマーは、五世紀中葉にペルシャ領ニシビスに神学校をつくって、そこを拠点としました。彼は王の厚遇を得て、東方基督教をペルシャにおける支配的な宗教となしました。神学生は八〇〇人もいて、国の内外の宣教活動と、活発な福祉事業を推し進めました。

イスラムの支配下においても、東方基督教は繁栄を続け、とくにギリシャ語文献の翻訳者、医師、技術者などとしても文化に貢献していました。彼らはアラビア半島から、海路インド南部にも達し、大きな勢力を築きました。

五世紀末にバビロンで作られたユダヤ人の「タルムード」(教典)――いわゆる「バビロニア・タルムード」にも、新約聖書の福音書からの引用が数多く見られます。

東方基督教はやがて、シルクロードの陸路を伝わり、中央アジアから中国に至るほぼ全域に広がりました。四二四年までには、東方基督教徒たちはすでに中央アジアのメルブ、ニシャプル、ヘラートなどに教会を作っていました。五〇三年にはサマルカンドに、彼らの大きな拠点がありました。

モンゴル高原の遊牧民族ケレイトは、八世紀に大改宗運動を経験し、四〇万世帯が一挙に東方基督教徒になったと記録にあります。オングート族、ウイグル族、ナイマン族も大改宗しています。

彼らは清廉《せいれん》、温厚な人々で、開明的でした。強力な部族国家的組織をつくっていました。彼らの聖書はシリア語で書かれていましたが、教会では自国語に翻訳されて読まれ、人々が意味を把握できるようになっていました。

このように景教徒は非常に伝道熱心な人々だったのです。ある人は彼らの働きを、「世界で最も偉大な宣教活動であった」と評しました。一二八一年には、ウイグル人の中からヤブ・アラハという人が、景教全教会の大主教に選ばれています。

中央アジアに、バルハシ湖という所があり、その少し南にイシク湖があります。そこは、後に述べる「秦氏《はたし》」一族がかつて住んでいた故郷「弓月《ゆづき》」(クンユエ)国の位置していたあたりでもあります。

その地域において、古代の墓地が二つ発見されています。それらの墓地に、「十字架のついた墓石」が六〇〇以上も見いだされています。最も古い年号は八五八年、最も新しいものは一三四二年です。彼らは景教徒として死んだ者たちなのです。

名前から見て、ほとんどは現地人です。ある墓碑《ぼひ》にはこう記されています。

「これはパサクの墓である。人生の目的は、われらの救い主イエスにあり」

別の墓碑にはこうあります。

「これはシェリハの墓である。彼はすべての建物と回廊を光で満たす、雄弁な説教者であった。その思慮深さは有名であり、彼が福音を説くとき、その声はラッパのように鳴り響いた」

景教徒たちはこうして、その人生をキリストに捧げて生きていました。

中央アジアからさらに進み、もっと東へ——つまり中国や朝鮮半島、日本へ行った景教徒たちも多くいました。景教徒たちは積極的に見知らぬ土地へ行って伝道しました。

一九二七年に、満州である墓が発掘されました。それには一一世紀の十字架とコインが入っていました。歴史的記録によると、それはウイグル人のものでした。ウイグル人は早くから景教徒になった人々です。

元東京文理大学学長の佐伯好郎《さえきよしろう》教授(故人)は、「満州には今も景教の遺物や文書が残っている」と言っていました。彼は実際、満州で見た幾つかの建物の入口に、景教のシンボルがあったと述べています。

景教は、ほかにも意外な影響を与えました。それはイスラム教の創始者マホメットへの影響です。マホメット（ムハンマド）は、五七〇年頃、アラビア半島の町メッカに生まれました。彼は一四歳のときに、叔父のアブ・タレブと共に、北方のシリアまで隊商の一員として旅をしました。その途中、彼らはエルサレムに立ち寄りました。

そこでマホメットは、景教の修道僧セルギウスという人に出会うのです。マホメットは彼の教えに耳を傾けているうちに、激しい霊の衝動を受けました。そして生ける神を信じる、強い宗教心に目覚めます。

マホメットは、じつは貧しい家に生まれた人でした。父親は彼が生まれてまもなく死に、母親も、彼が六歳の時に死んでしまいました。そして叔父のアブ・タレブの家に引き取られて、寂しく孤児として育てられていたのです。マホメットは小学校にすら通ったことがなく、無学で、ほとんど文字の読み書きができませんでした。

しかしその彼が、キリストを信じる敬虔《けいけん》な景教徒セルギウスに出会うと、激しく霊の感動を覚え宗教心に目覚めたのです。マホメットは、それから数十年後にイスラム教を興しました。その教義はともかくとしても、彼にもともと生ける神を教えたのは、景教徒だったのです。

東方世界の基督教徒の方が多かった

ところで読者は、西暦八〇〇年頃、エルサレムを境として西方世界（ヨーロッパ等）にいた基督教徒の数と、東方世界（西アジア〜東アジア）にいた基督教徒の数は、どちらが多かったとお思いでしょうか。

じつは、東方世界にいた基督教徒の方が、ずっと多かったのです。景教は爆発的な勢いで、西アジアから東アジアにいたる各民族の間に広まっていました。そしてシルクロードの拠点となる都市すべてに、景教の教会がつくられたのです。

ヨーロッパでは五世紀以後、しだいにその社会はいわゆる「中世の暗黒時代」に入っていきました。教会は政治権力と結びついたために腐敗堕落し、ヨーロッパの基督教は本来の活力を失っていきました。しかし、ちょうどその時代、景教徒たちは生き生きと輝き、非常な活力をもって東洋で宣教活動を繰り広げていたのです。

彼らの多くは徒歩で、山を越え、谷を越え、福音をたずさえて何千キロもの旅をしました。足にはサンダルをはき、手には杖を持ち、背中には聖書と十字架の入った籠《かご》をかついでいました。そして出会う人々みなに、キリストの福音を語りました。

シルクロードの開拓者の大半は、このように景教徒か、ユダヤ人だったのです。彼らは唯一の神を信じる人々でしたから、世界のどこに行っても、そこを自分たちの「天の父」の庭と信じることができ、ホームシックを乗り越えることができました。

多神教では、その土地ごとに「神」がいます。ですから別の土地へ行けば、別の土地の「神」のしきたりを気にしなければなりません。そのため多神教の人々は、自分の土地からあまり離れたがらないものです。

一方、唯一神を信じる人々は、土地が変わっても同じ神が私を見守っていて下さる、と信じることができます。それで、どこに行っても大丈夫なのです。

景教徒はまた、医学・医術において高度な知識を持っていました。そのために各地で歓迎されました。薬草や果物の効用の知識にも深いものがありました。とくに薬草「ダイオウ」（大黄）に関する知識や、果物を煮込んで蜂蜜と混ぜたシャーベットの使用などには定評がありました。

それはしばしば奇跡的な効能を示したと、記録にあります。そのために、多くの人々の病気がいやされました。彼らの働きは、「東洋医学」と「漢方薬」の発展にも大きく寄与しました。

景教徒になったイスラエル十部族

このように景教は、シルクロード付近に急速な勢いで広がっていったのです。

そして景教徒となった人々の中には、どうも「イスラエルの失われた十部族」の子孫も少なくなかったようです。ラビ・トケイヤーは、その著『日本・ユダヤ封印の古代史』の中でこう書いています。

「一八四一年、米国ニューヨークで、アサヘル・グラント著『景教徒《けいきょうと》は失われた十部族か――彼らのアイデンティティに関する証拠』という、非常に興味深い本が出版された。グラントは医者であり、キリスト教宣教師でもあった人物である。……

グラントは、自分の生涯の大半を景教徒と共に過ごした。今日では景教徒の数は非常に少ないので、彼の体験と報告は貴重なものである。彼によれば、ペルシャ（イラン）や、イラク、アルメニア、クルジスタンなどに住む者たちはみな、景教徒たちはイスラエルの失われた部族の子孫であると信じていたという。

景教徒たちは実際、イスラエル人特有の風習の中に生きていた。彼らは古代イスラエル人と中近東の人々の言語であったアラム語を話した。

景教徒たちは、旧約聖書に禁じられている食物を口にしなかった。

彼らの名前にはまた、イスラエル人特有の名前が多い。ザカリヤ、ウリヤ、マタイ、アブラハム、ヨシュア、シモン、ベニヤミン、ヨハナン、ダン、ナタム、エリヤフ、ヨナ、ヨセフ、ダビデ、ソロモン、エレアザル、ダニエル、ガマリエルなど、みなイスラエル人の名前である。

景教徒にはイスラエル人と同様、『十分の一献金』、また犠牲の風習があった。

初穂《はつほ》を捧げ、イスラエル人と同様、安息日を守る。安息日には、料理をつくらないし、料理のための火も使わない。これはイスラエル人の風習である。

また断食の日をイスラエル人と同様に実施し、至聖所《しせいじょ》も持っている。

景教徒は過越《すぎこし》の祭を守り、生後八日目の子どもに割礼《かつれい》と洗礼を施す。

彼らにはまた、『のがれの町』の風習があった。これは誤って殺人を犯してしまった人を、復讐する者の手から守るために設置された町である。これは聖書にも記されている古代イスラエル特有の風習である（民数《みんすう》記三五章）」

グラントのこの本は、ラビ・トケイヤーが私に貸して下さったので、私も読んでみました。古本屋で五〇〇ドルも出して買ったもの、とのこと。一六〇年も前の本なので、ボロボロでしたが、実際に当時の景教徒たちと暮らした記録だけに、貴重なものです。ラビ・トケイヤーは、さらにこう記しています。

「また、景教徒がイスラエル人であったことについて、手島郁郎《てしまいくろう》も同様の証言をしている。

手島は昭和一四年に、中国の奥地、山西省の運城《ユンチヨン》にいた。このとき彼は上司の命令により、回教徒の村出身のボーイを雇って、雑役に使っていた。そのボーイが語ったところによると、彼の村の人々は今は回教徒として暮らしてはいるものの、豚を食べず、もものつがいの上の腰の筋肉も食べない(イスラエル人の風習。創世記三二・三二)。先祖はイスラエル人である。しかし、一〇〇年前の戦争で家が焼き払われ、他の町からここへ逃げてきたという。

これを聞いた手島は、さらによく調べてみた。そして、その地に五〇年前から来て伝道しているスウェーデン人宣教師ブロム夫妻から、こう聞かされたのである。

『山西《シヤンシー》省の山奥の僻地《へきち》には、古代の景教のキリスト教徒の子孫が潜伏している。ただし彼らの多くは、今は道教の俗信に化したり、少なからず回教徒やカトリック教徒となっている。……景教徒はシルクロードを通って、中国にやって来た。注意すべきは、彼ら景教徒たちは、実際はユダヤ人クリスチャンであったということである。彼らは民族的にイスラエル人であった』」

グラントや手島郁郎の言うように、中近東や中国に住む景教徒の中には実際、イスラエル人の子孫も多かったようです。そのために景教は、西洋のカトリックやプロテスタントの基督教とは異なり、非常にユダヤ的な面を残した基督教となりました。

一種のメシヤニック・ジューだった

じつは今日、アメリカ、ロシア、イスラエルなどで、ユダヤ人でクリスチャンになる人々が非常に増えています。彼らは「メシヤニック・ジュー」と呼ばれています。これは〝イエスをメシヤ（救い主）と信じるユダヤ人〟の意味です。

私も、メシヤニック・ジューの指導者にお会いしたことがあります。彼によると、西暦一世紀には、新約聖書に記されているように、ユダヤ人の間にもクリスチャンがかなりいました。しかしそののち二世紀～二〇世紀の前半にかけて、西洋に住むユダヤ人の間でクリスチャンになる人は、ほとんどいなかったのです。それはユダヤ人は、ローマ化した基督教、西洋化した基督教には、どうしてもついて行けなかったからです。

ところが最近、ユダヤ人でクリスチャンになる人々が、爆発的に増えているというのです。ここ二〇年ほどの間にアメリカ、ロシア、イスラエルなどでイエスをメシヤと信じるようになったユダヤ人の数は、それまでの一九〇〇年間でクリスチャンになったユダヤ人の数よりも、多いといいます。

しかし、じつは景教の時代には、イスラエル人、ユダヤ人で景教徒になる人々がかなりいました。つまり彼らも、今の言葉で言えば「メシヤニック・ジュー」でした。メシヤニック・ジューは、景教徒の時代にもたくさんいたのです。

ところで、今日のメシヤニック・ジューとはどういう人たちであるのか、についてもう少し詳しくお話ししましょう。

メシヤニック・ジューは、ふつうのユダヤ教徒と同じようにユダヤ教の様々な戒律《かいりつ》を守りながら、かつイエスをメシヤと信じ、新約聖書を信じ、基督教信仰に生きる人々です。ユダヤ教の食物規定《カシュルート》を守り、割礼を施し、ユダヤ教と同じ安息日を守ります。

またユダヤ教と同じように旧約聖書に記されたすべての祭——過越の祭、仮庵《かりいお》の祭、その他を守ります。しかし、彼らはこれらを異邦人には強要しません。彼らはあくまで、ユダヤ人として生きながら、かつ基督教徒としても生きているのです。

異邦人クリスチャンは、彼らメシヤニック・ジューを見ていて、いろいろ教えられることがあります。今日の基督教は西洋化した基督教ですから、本来の基督教が非常にユダヤ的だったことを、とかく忘れがちです。しかし彼らを見ていると、

「ああ、そうか、ユダヤ的基督教とはこういうものだったのだな」

と思わせられるのです。メシヤニック・ジューは、ユダヤ人であり、かつ基督教徒であるという人たちですから、聖書解釈などにおいても「ユダヤ人ならでは」と思えるような優れたものを、たくさん教えてくれます。

少し横道にそれますが、その一つをご紹介しましょう。メシヤニック・ジューの一つの功績として、イエス・キリストの誕生日を明らかにしたことがあります。

「キリストの誕生日はクリスマス、一二月二五日でしょう」
と言う方もおられるでしょうが、そうではありません。じつは、これまでは「わからない」とされてきたのです。

でも、わからなくても、一年のうちのどの日かが誕生日のはずですし、祝わないのも心情に反しますから、日を決めて祝いましょう、ということになりました。それで昔（西暦四世紀）、ローマ・カトリック教会で一二月二五日が選ばれ、以来、その日をクリスマスとして祝うようになりました。

この日は、じつはローマでは異教の祭が行なわれていた日です。それを基督教の祭であるクリスマスに置き換えたわけです。これには、異教の祭をすたれさせ、基督教の祭を栄えさせるという意図もあったようです。しかしこのために一方では、クリスマスはもともと異教の祭だ、との批判がありました。クリスマスは、じつはローマ化した基督教の象徴とも言えるものでした。

けれども、ユダヤの風習や神殿の事情に詳しいメシヤニック・ジューは、聖書の研究からイエスの誕生日を明らかにしました。詳しい説明をする紙面はありませんが、それによればイエスの誕生は、ユダヤ暦第七月の中旬――あのユダヤの大きな祭りである「仮庵の祭」の最中だったのです。

［バプテスマのヨハネの父ザカリヤは、神殿で仕える祭司たちの「アビヤの組」（ルカ一・五）に属していた。これはI歴代誌二四・七～一九によれば、「第八の組」だったことがわかる。古代イスラエル神殿では、一年を二四の組に分けて祭司が担当していた。ユダヤ暦第一月の前半は第一の組であり、第八の組は第四の月の後半であった。この「務めの期間が終わったのち」（ルカ一・二三）――つまり第五の月に入った時に、彼の妻エリサベツはヨハネをみごもった。またそれから五ヶ月たち、エリサベツが妊娠六ヶ月目に入ったときに（ルカ一・二四～二六）、イエスの母

マリヤがみごもった。それにマリヤの妊娠期間二八〇日を足すと、イエスの誕生は、ちょうどユダヤ暦第七月の一五日から一週間にわたって行われる仮庵の祭の頃だったことがわかる」

これは太陽暦では九～一〇月頃、中秋《ちゅうしゅう》の名月の時期にあたり、日本でいう「十五夜《じゅうごや》」の頃です。

イエスの誕生が「仮庵の祭」のときだったというのは、じつは基督教的に非常に意味あることです。なぜなら、神の御子《みこ》イエスが天から地上世界に降誕し、肉体という「仮庵」(仮の住まい)に宿ったというのが、基督教信仰です。ですから、イエスの誕生が仮庵の祭のときだったという事実は、まさにそれに連動しているのです。

一方、イエスの死は「過越の祭」の最中でした。「仮庵の祭」と、「過越の祭」はユダヤの二大祭です。イエスの生涯は、ユダヤの祭に深くかかわっていたのです。人間はたとえ死の時を選ぶことができたとしても、誕生の時は選べないでしょう。しかし、肉体という仮庵に宿ったイエスの誕生は、「仮庵の祭」のときだったということになるのです。

こうしたことは、神殿事情に詳しいユダヤ人だからこそ、わかったことです。これはほんの一例にすぎませんが、メシヤニック・ジューは、ユダヤ人だからこそわかったと言えるような聖書解釈を、どんどん発表しています。

景教はユダヤ的な基督教だった

聖書はやはりユダヤで生まれましたから、ユダヤのことがわからないと、わからない部分がたくさんあります。古代の東方世界では、異邦人だけでなく、イスラエルの失われた十部族の子孫や、ユダヤ人などにも、早くから基督教が広まりました。ですから、彼らはローマ化した、西洋化した基督教ではなく、ユダヤ的な基督教を保持していたでしょう。

もちろん、基督教はユダヤ人だけでなく、異邦人にも急速に広まっていきました。古代に生きた歴史家バール・ダイサン（一五四〜二二二年）の記述によれば、トルコ人やタタール人は、一一二九〜一四〇年頃にはすでに基督教徒になっていました。彼らの王が基督教徒になっていたという記録もあります。

西アジア一帯は、イスラム教が興る以前は、ほとんど基督教国だったほどです。

また西アジアで景教が興ると、彼らは中央アジア、インド、また東アジアへと大規模な宣教活動を開始しました。そして異邦人で景教徒になった者たちも、景教のユダヤ的伝統を豊かに受け継いだでしょう。

ラビ・トケイヤーは、一九七五年に出版した『ユダヤと日本・謎の古代史』（産能大学出版部刊）の中でこう述べています。

「現在のキリスト教は完全にヨーロッパ化されたものである。……しかしキリスト教は、もともとユダヤ教から出発した。それは中近東において発生した宗教である。したがってこれは本来ユダヤ的な宗教であるということを、理解しなければならない。……

そこには何らのヨーロッパ的特徴も存在していなかった。……けれどもキリスト教は次第にローマ的となり、ゲルマン的となり、元来持っていたユダヤ的特徴を失なうに至った。しかしながら景教は、ヨーロッパ的でない。

景教は中近東の人たちによって信仰されていた。ペルシャ人、シリア人、後に至ってアラブ人たちによって信仰された。……景教徒のほとんどはユダヤ文化の心酔者であり、ユダヤ人の支持者たちによって構成されていた。景教徒の多くの行動は完全にユダヤ的であった。また、きわめて正統的な立場のユダヤ的行事が行なわれていたのである。……

中国社会で栄えたことのある景教徒たちは、その多くがユダヤ的特徴を持っており、ユダヤ教の教義を信じていたと考えられる歴史的根拠がある。景教と呼ばれたキリスト教は、実際上はユダヤ系キリスト教と考えてもいい。つまりこれは、セム族によるキリスト教であった。

この景教徒たちの行動は非常にユダヤ的であり、ユダヤの文化的思想を中央アジアの奥まで伝播する功績を果したのである。そしてこの景教徒の影響は、中国社会と古代日本社会にも非常に大きな影響を与えたことは事実なのである。……

考えてみると、キリスト教それ自体も、ユダヤ教の一部と考えることもできる。そこで景教徒たちは、そのキリスト教的習慣の中に、古代ユダヤ教の伝統を非常に多く残しているのであった。

彼らの宗教的伝統は、そのままの形でシルクロードを通り、古代中国へ伝播されたのである。そしてこの景教徒の一部が、日本にやって来た。……」

このようにトケイヤー氏は、景教が非常にユダヤ的な基督教であったと述べています。それは中近東に発し、中央アジアを経て中国に入り、のちには日本にも来たのです。

また、中国で発見された「大秦景教流行中国碑」（七八一年建立）には、次のような記述があります。

「処女から生まれた聖なる方（イエス）は、二四巻の聖なる書に示されたすべての旧約の律法を成就《じょうじゅ》された」

これは、イエスが旧約聖書の成就者であることを言ったものですが、旧約聖書が「二四巻」と言われています。今日の基督教徒が持っている旧約聖書正典は三九巻です。この「二四巻」というのは、イエス当時のユダヤ人が「聖書」正典と認めていた巻物の数なのです。

これら二四巻には外典は含まれていませんでした。そしてこの二四巻は、景教徒たちが旧約聖書として持っていた巻物の数でもあったわけです。ここにも、景教徒たちがユダヤ的伝統を引き継いでいたことを、見ることができます。

一方、「大秦景教流行中国碑」によれば、景教徒たちの持っていた新約聖書は二七巻でした。これは今日の基督教徒のものと同じです。

景教徒はアラム語を話した

さて、景教徒の多くはアラム語を話す人々でした。

アラム語といっても、日本では知らない人が多いと思います。しかしアラム語は、ユダヤ人や、古代基督教徒にとっても非常に関係の深い言語です。アラム語はもともとアッシリヤ人の言語ですが、中近東では広く話された言語でした。

今日の世界で英語が世界共通語であるように、当時の共通語は、西方世界では（コイネー）ギリシャ語、東方世界ではアラム語でした。

旧約聖書は、大部分はヘブル語で書かれています。しかし一部はアラム語で書かれています（創世記三一・四七の二語、エズラ記四・八〜六・八、七・一二〜二六、エレミヤ書一〇・一一、ダニエル書二・四〜七・二八）。

じつはヘブル語は、アラム語から枝分かれした言語で、アラム語の一種の方言ともみなされています。ですからヘブル語とアラム語は兄弟関係にあります。

アッシリヤ帝国のあとに中近東に君臨したバビロン帝国でも、アラム語が話されていました。ユダヤ人はそこに捕囚されたことがありますから、その後の時代のユダヤ人の多くは、アラム語を話していました。

また、エジプトから中国に至るシルクロードを行き来する隊商の人々の言語も、アラム語でした。イエス・キリストも、アラム語を話しました。新約聖書に出てくるキリストの言葉、「タリタ・クミ」（マルコの福音書五・四一。「少女よ起きなさい」の意）は、アラム語です。イエスの「十字架上の七言」のうち第四番目の言葉、「エロイ、エロイ、ラマ、サバクタニ」（マルコの福音書一五・三四。「わが神、わが神、どうしてわたしをお見捨てになったのですか」の意――預言詩・詩篇二二篇の冒頭の言葉で、同詩篇にうたわれた神の救いの成就を示す）も、アラム語です。彼が十字架にかけられた丘の名「ゴルゴタ」もアラム語、「アバ」（父よ）もアラム語、使徒パウロの手紙に出てくる「マラナ・タ」（Iコリント人への手紙一六・二二。「主よ、来て下さい」の意）という言葉も、アラム語です。

こうしたユダヤ人が話していた「ユダヤ－アラム語」のほかに、独自の「モーセ五書」翻訳で知られる「サマリヤ－アラム語」、またバビロニア・タルムード（五世紀）の「バビロニア－アラム語」などがあります。

また、景教徒と呼ばれる東方基督教徒たちの拠点であった都エデッサと、その付近で話されていた言語は、「シリア語」と呼ばれますが、これはアラム語の方言です。旧約聖書で「シリヤ」（シリア）と訳出されている言葉は、原語では「アラム」です。

景教徒たちがアラム語を話す人々であったということは、たいへん重要です。なぜなら、彼らはイエス・キリストの語った言葉と宗教を、よりストレートに理解し得たからです。

たとえば私たち日本人は、英語圏でつくられた文学を読むとき、なかなか深い部分がわからないことがあります。日本語に訳したものを読んでも、文化背景や、思考様式が違うので、すぐには理解できないのです。

しかし英語圏でつくられた文学は、英語圏の人には理解が早く、一方、日本語で書かれたものは、日本人には理解が早いでしょう。同様に、イエス・キリストはアラム語で教えを説きましたから、アラム語を話す人々はより早くその真意を理解したのです。

一方、ギリシャ語や、その他の言語を話す人々には翻訳して伝えなければなりませんから、時間がかかりました。また、文化様式の違いを理解させるのに一苦労があったのです。

景教徒はアラム語を話す人々でしたので、イエス・キリストの言葉、宗教、文化背景なども、ストレートに理解しました。ですから、彼らは原始基督教の特徴を豊かに受け継いだのです。

西方教会では、イエス・キリストの言葉の解釈をめぐり、何世紀ものあいだ論争が繰り広げられました。しかし景教徒たちのあいだでは、そのような論争をする必要がなく、伝道に専念できたのです。

日本語になったアラム語

いわゆる「シリア語」は、アラム語の方言だと述べました。中国には、昔の唐の時代の景教の繁栄を記した「大秦景教流行中国碑」という有名な古代碑があり、これはシリア語と漢文の両方を使って記されています。

じつは、シリア語は、古代の日本にも入ってきています。

たとえば、古代の日本人で人名の末語としてしばしば現われる「麻呂」（マロ）は、もともとシリア語です。

日本では、大和時代頃から高位の人物の名前の最後に、「麻呂」という言葉をつけるようになりました。「柿本《かきのもと》人《ひと》麻呂《まろ》」（七世紀の歌人）、「阿倍《あべ》仲《なか》麻呂《まろ》」（八世紀の文人）というようにです。「麻呂」は、後には「丸」（マル）ともなりました。「牛若丸《うしわかまる》」（一二世紀）というように。

これはシリア語で、「閣下」「殿様」などの意味です。シリア語学者は、これは英語のLord、Sir、Saint等に相当すると言っています。

インドに、キリストの使徒トマスを記念した教会がありますが、それは「マル・トマ」教会と呼ばれています（聖トマス教会）。そこでは今でもアラム語（シリア語）が話されていて、「マル・トマ」もアラム語です。「トマ」はトマス、「マル」は麻呂と同じで、「先生」とか「聖」の意味なのです。

また景教の教会では、今も大主教は「マル・〇〇」と呼ばれています。バグダッド（イラク）や、コチン（インド）、テヘラン（イラン）、マドラス（インド）や、モートン・グローブ（米国）、シカゴ（米国）などには、今も景教の教会があります。

また「宿禰」（スクネ）もシリア語です。『新撰《しんせん》姓氏録《しょうじろく》』（九世紀）には、仲哀《ちゅうあい》天皇の時代に「功満王《こうまんおう》」、または「太秦君《うずまさのきみ》・宿禰《スクネ》」の率いる秦氏一族が日本に渡来したと、書かれています。

この「宿禰」の称号は、その後、畿内《きない》地方の豪族をはじめ、多くの有力氏族の間で用いられるようになりました。これは、もともとシリア語で「勇敢な者」の意味です。

またシリア語、アラム語で「父」を「アバ」といいます。この前、青森出身の人に聞いたところ、青森弁でも「父」あるいは「親」を「アバ」というそうです。これには驚きました。

また同情を寄せるとか、構うことを青森弁で「カマル」と言うそうです。ところが、ヘブル語やアラム語でも、同情を寄せることを「カマル」と言います。

このように、古代の日本にもアラム語が入っています。それはもともとは外来語でしたが、当時のハイカラな人々は、それを使うことを好んだようです。

中国に来た景教

景教は、正式な記録では西暦六三五年に、中国に入っています。それ以前にも景教徒は中国に入っていたのですが、皇帝を公式訪問したのはそれが最初です。

その年、景教僧オロペン（Alopen　阿羅本　アブラハムの意）は二一人の信徒を率いて、中国の長安に入りました。オロペンは、漢文に訳した聖書や教理を唐の太宗《たいそう》皇帝に献納しました。皇帝はそれを読んで感激し、

「これほどの真理は儒教にも仏教にもない。朕《ちん》（私）自ら信じるから、全国民よ、朕に学べ」

と命じました。

また六三八年にこう述べました。

「オロペンが持ち来たった教えを詳細に検討した結果、それが非常に霊的で、静かに力強く効力を発揮することがわかった。その原理と要点を調べ、この教えが人生におけるすべての重大要件を包み込むものであると結論する。……この教えは、生きとし生けるものすべてを助け、全人類に有益である。だからその宣教が自由になされるようにせよ」（大秦景教流行中国碑より）

こうして景教は、皇帝の保護を受け、六三五年から約二〇〇年間にわたって中国で栄えたのです。

景教徒たちはすぐ、聖書や教理解説書を中国語に訳す仕事にとりかかりました。『イエス・メシヤ経』（序聴迷詩所経）という、イエスの生涯を略述した福音書も、訳しました。続いて『一神教論』等を翻訳しました。中国で発見されたある景教徒の墓には、墓紋の裏に、

「あなたはこれ（十字架）を見つめ、これによって希望を得よ」

と記され、さらにそこには、旧約聖書・詩篇三四篇五節の次の言葉も記されています。

「主を仰ぎ見て光を得よ。そうすればあなたがたは、恥じて顔を赤くすることはない」（明の耶蘇会士陽瑪諾〈Emmanuel Dias〉著『唐景教碑正詮』の「泉郡南邑西山古石聖架式」「刺桐城の十字架The Zaiton Cross」）

こうしたことからも、中国に来た景教徒たちが、生き生きとした信仰を持っていたことがうかがえます。

景教の文書は、中国では漢文で書かれたものが少なくとも九つ、シリア語で書かれたものが二つ発見されています。

そのうち幾つかのものは敦煌《とんこう》で、一〇三六年に封印された洞窟から発見されました。ある文書には、それが記された年として、イエス・メシヤ降誕から六四一年後とあります。別のものには、西暦七一七年に相当する中国の年代が記されています。

中国における景教の様子については、西安《せいあん》（旧・長安）で発見された有名な、「大秦景教流行中国碑」が物語っています。これは七八一年に建立されたものです。しかし、のちの迫害の時代に隠され、一六二五年になってイエズス会士が発見しました。

この景教碑や、中国における景教文書、遺物等の研究者として、佐伯好郎教授は世界的に有名です。景教碑の複製は、弘法大師・空海の開いた高野山と、京都大学文学部陳列館にもあります。

景教碑は、次のような神への賛辞から始まっています。

「大秦景教流行中国碑。中国における景教の普及を記念して。大秦寺僧侶・景浄（シリア名アダム）叙述。……見よ。真実にして堅固なる御方がおられる。彼は造られず造る御方、万物の起源、私たちの理解を超える見えない御方、奇しくも永遠に至るまで存在し、聖なるものを司る宇宙の主、三位一体の神、神秘にして真実な主なる神である。……」

この「神」は、原文では「阿羅訶《アロハ》」という漢字です。これはシリア語またはヘブル語の「神」を意味するエロハに漢字を当てはめたものでしょう。

景教碑に記されたところによると、唐の皇帝は景教を重んじ、中国の一〇の省すべてに景教の教えを広めました。こうして国は、大いなる平和と、繁栄を楽しんだといいます。また景教の教会は多くの町々につくられ、すべての家庭に福音の喜びがあったと、景教碑は記しています。

王室の儀式、音楽、祭、宗教的慣例なども、ガブリエルという名の景教徒が担当していたと記録にあります。

当時の長安の都は、このように多分に、景教文明によるものでした。たとえば景教徒の自由と人権の思

大秦景教流行中国碑のレプリカ（高野山）。

想は、中国社会に強い影響を与えました。唐の文学者・柳宗元《りゅうそうげん》（七七三〜八一九年）の文学の中に、奴隷解放思想などが現われるのも、この頃です。

唐の時代の中国は、中国史上、文化・文明の上でも最も栄えた時代となりました。佐伯教授は、唐の時代の中国は、景教の強い影響下にあったと述べました。その文化の中枢に、景教徒が入り込んでいたのです。

この時代、日本は遣唐使を派遣して、使節を長安の都で学ばせました。つまり、遣唐使が長安で学んできたものの多くは、純粋に中国生まれのものというよりは、多分に景教の影響を受けて発展した中国文化だったと、佐伯教授は述べています。

景教は道教にも影響を与えた

中国で景教徒は、普通の十字架を用いるのが一般的でしたが、卍十字《まんじじゅうじ》をも用いました。卍の歴史は古く、前三千年紀のメソポタミアのスサ出土の彩陶でも見つかっています。卍は仏教のものというわけではないのです。その他ギリシャ、ローマ、インド、中国など古代文明の栄えた各地域で見つかっています。意味づけはいろいろですが、景教徒もシンボルとして用いたのです。

景教の教会は、当初「波斯寺《ペルシヤ》」と呼ばれました（ペルシャの教会の意）。七四五年以降は「大秦寺」（ローマ帝国領シリアの教会の意）と呼ばれ、またそののち「十字寺」と呼ばれるようになりました。

景教はまた、中国で道教にも影響を与えたようです。

道教の新しい宗派の創始者に、「呂祖《りょそ》」（呂洞賓《りょどうひん》）という人がいます。彼は仙人と呼ばれ、中国「八仙」のひとりに数えられます。生没年は不詳ですが、八世紀頃の人です。一二世紀に「全真教」という道教の新しい動きが生まれると、彼はその五祖のひとりに数えられ、その誕生日は民間の年中行事として盛大に祝われました。

ところが彼の伝記を見てみると、彼が「水をぶどう酒に変える」（化水成酒）奇跡をしたとか、「盲人の目をあけた」（江陵醫眼）とか書いてあります。さらに「足なえをいやした」（趙州醫跛）、また大きな奇跡を行ない、「一握りの小麦粉を使って数百人の僧侶を満腹させた」などと書いてあります（呂祖全書）。

ところが、これらはみな、新約聖書の福音書に記されているイエスの奇跡と同じです。つまりこの道教の仙人の伝記をつくる際に、聖書の物語が借用されたようなのです。

道教は、日本にも大きな影響を与えた教えです。日本仏教や神道の風習の中にも、しばしば道教的なものがみられます。そしてその道教に、じつは景教の影響が見られるのです。

中国における景教の大きな影響は、八四五年に起きた宗教弾圧のときまで続きました。この宗教弾圧は、もともと仏教を対象としていました。しかし、景教もその巻き添えを食って迫害されたのです（会昌《かいしょう》の仏教弾圧）。

当時中国の仏教僧侶と教団は、ひどく金まみれで、その蓄財には目に余るものがありました。それで中国の皇帝は、

「これでは宗教が国を食いつぶしてしまう」

と、国内のすべての宗教寺院を破壊、また僧侶や信徒に対し徹底的な弾圧を加えたのです。

しかし、景教はその後、モンゴルにおいて復活します。モンゴルは、チンギス・ハンの時代になって、中国から西アジアに至る広大な地域を支配しました。景教はそのモンゴルにおいて栄え、それによって、再びアジア全域に深い影響を与えるようになります。

景教が中国や、モンゴルで栄えていた時代は、それらの国々の歴史において、文化・文明の点で最も栄えたときともなりました。それはそこに、活発な文化活動、経済活動があったからです。景教徒の流入は、自由と、公正と、繁栄をもたらし、最も輝いた時代をつくり出していました。

東洋に巨大な影響を与えた景教

景教徒は各地で、文化的に非常に大きな影響を与えました。たとえばウイグルでは、景教は国家全体を大きく変えました。

景教の宣教師たちはそこでウイグル人のために文字をつくり、読み書きを教えて、教育制度をつくりました。のちにこの文字を、モンゴル人も輸入して使用するようになり、モンゴル人も読み書きができるようになりました。

景教徒たちは、中央アジアの一都市メルブに言語研究所を持ち、そこでアジアのほとんどあらゆる言語を研究し、聖書翻訳を行なっていたのです。新疆ウイグル自治区のカラ・バルサグンで発見された当時の文書は、景教徒の影響がいかに大きかったかを、次のように語っています。

「残忍な風習に満ち、血ぬられていたこの地は、今や菜食の地になった。虐殺の地は、慈善の土地となった」

また一三世紀に、中国の「馬《マ》」という名前の政治家は、ウイグル人景教徒が礼拝堂に飾っている聖画の美しさについて伝え聞きました。彼はそれをぜひ見たいと思いました。ウイグル人にそれを伝えると、彼らはその聖画を礼拝堂からはずして、持ってきてくれました。

彼は聖画を見て、非常に感動しました。それだけでなく、その後の彼の生き方も変わってしまいました。彼は自分のもとにいたすべての奴隷たちに、贈り物と土地を与え、彼らを解放したのです。そして彼自身、景教徒になりました。そうしたことが彼の墓碑に書かれています。また彼の系図に、

「馬氏の子孫は、西方の高貴なネストリウス家と同じ信仰である」

とあります。

景教徒はまた、中国における世界的発明にも貢献しました。中国における世界的発明は木版印刷術、羅《ら》針盤《しんばん》、火薬の三つだと言われます。フランシス・ベーコン（一五六一～一六二六年）はそれを評して、

「これらは世界全体を変えてしまった」

と述べました。じつはこれら三大発明は、景教徒の文化のもとに生み出され、発展したものだと、景教研究家のジョン・M・L・ヤングが述べています。またモンゴルで、景教徒は郵便制度をつくり、木版印刷によって紙幣をつくり、年代記作成にもあたりました。

モンゴルの王は、景教徒たちを側近や妻に持っていました。そして排水設備付きの舗装《ほそう》道路を整備し、

あるいは両側に木を植えるなどして、道を整備しました。木の育たないところには、両側に石の柱を置いて、道が消えないようにしました。必要なところには、運河もつくりました。

困った人に無料で食物や衣服を与える、公共施設もつくりました。そのための費用は、羊毛や麻などの取引きに課せられた「十分の一税」が当てられました。

国民の信教の自由は保証されました。ヤングは、宗教的寛容、秩序ある政府、公平な政治というものは、西洋ではなく、まず東洋において初めて行なわれたと述べています。

また、当時のヨーロッパでは、このように東方世界に基督教徒の強大な王がいることが、たいへん話題になりました。「プレスター・ジョン伝説」と呼ばれるものです。その東方の王が何者かはヨーロッパの人々には不明で、いろいろ憶測が飛び交いました。

景教によってモンゴルに開かれた文化・文明の高さは、当時の西洋のいかなる国にもまさっていました。『東方見聞録』を著したあのマルコ・ポーロは、モンゴルに二五年間住み、そこで見た文明の高さに驚嘆し、ヨーロッパに詳しく報告しました。

景教徒によってもたらされ、あるいは発展させられたアジア文明は、あるときは当時の西洋文明を大きく上回っていたほどだったのです。

チベット仏教への景教の影響

このように景教徒の影響は、非常に大きいものでした。そのため、それはアジア各地の諸宗教にも影響しました。

たとえば、景教はチベット仏教、すなわちラマ教にも大きな影響を与えました。

景教は、チベットには遅くとも西暦七世紀には入っていました。そして一〇〇〇年頃までには、チベット仏教はすでに景教的要素をふんだんに取り入れたものとなっていました。

赤い僧衣、聖水、死人のための祈り、厄除《やくよ》けなどは、景教徒の風習を取り入れたものだとヤングは述べています。ダライ・ラマを頂点とする階級組織も、景教徒の大主教を頂点とする階級組織を取り入れたものだと指摘されています。

第3章

仏教の「永遠の仏」とユダヤ教・基督教の「永遠の神」

久保　有政

「覚者」シャカ

大乗仏教の多くの教えは、ユダヤに発した原始基督教や、景教の影響をも多分に受けています。ここで、大乗仏教の「永遠の仏」と基督教の「永遠の神」の類似性、およびその違いについて調べてみましょう。

はじめに、仏教の教祖シャカと、「仏」とは何かについて簡単に振り返ってみましょう。

シャカ（本名ゴータマ・シッダルタ）は、紀元前六世紀頃、インド・ネパール地方の小国であった釈迦《しゃか》国に、王子として生まれました。彼は、物質的には恵まれた生活を送っていました。しかし二九歳のとき、生・老・病・死という人生の苦を思って悩み、妻子を捨てて出家《しゅっけ》しました。

彼は六年間にわたって、苦行を中心とする宗教的修行に専念し、解決を模索しました。しかしついに、苦行の無意味さに気づき、極端な苦行に偏らず、かつ極端な快楽にもおぼれない、「中道《ちゅうどう》」を歩むことを決意します。

以後、彼は、自分の悟りに基づいて教えを説き始め、人々から「ブッダ」と呼ばれました。これは、インドの古典語のサンスクリット語で、「（真理に）目覚めた人」という意味です。

この「ブッダ」に漢字をあてたのが「仏陀《ぶっだ》」で、その略称が「仏《ほとけ》」です。これはもともと、宗教的聖者を呼ぶ一般的な語であったのですが、後世になって仏教の専門語になりました。

「仏陀」（仏）は、シャカに対する尊称であり、ひとりの〝人間〟を指す言葉だったのです。

ところが後世になると、「大ビルシャナ仏」（大日如来）や、「阿弥陀仏」といった、〝永遠に存在する仏〟の思想が出てきます。こうした「仏」は、もはや単なる人間ではありません。人間とは別の世界に住む、人間を超えた存在です。

これは、たいへんな変わりようです。というのはシャカ自身は、そのような超人間的な存在者に関することは、まったく語らなかったからです。

仏教初期の経典によると、シャカは一般的には、永遠的存在者が存在するか否かについて「無記」の態度をとりました。これは「どちらとも答えない」ということです。

しかし根本的には、シャカの思想は〝無神論的〟であったと思われます。彼の思想は、

「苦」（人生は苦である）

「無常」（すべてのものは移り変わる）

「無我」（世界のすべての存在や現象には、捉えられるべき実体はない――霊魂の存在の否定）

「涅槃《ねはん》」（すべての執着心を断てば、苦悩に満ちた輪廻《りんね》の世界の生まれ変わりから解放され、生存から脱することができる）

の四つが、おもなものです。彼の思想は、有神論的世界観とは調和しません。彼は「無常無我」でない世界――永遠に実在する世界があるとは語らなかったのです。

けれども、永遠的存在者に関して〝黙して語らない〟、あるいは否定的な考えを示すシャカの思想に、満足しきれなかった人は仏教徒の中にも多くいたようです。そのため仏教は、そののち時代を経るにつれ、

思想的に大きく変遷《へんせん》していきました。

種子《しゅし》がやがて元の姿とは似ても似つかない草木になっていくように、仏教は時代と共に、創始者シャカの説いたものとは、かなり異なったものになっていったのです。事実、「永遠の仏」の存在を説いているのは大乗仏教の方であって、小乗仏教では、そのような仏は説きません。仏教伝道協会の出版物には、こう書かれています。

「大乗仏教の場合、歴史上の仏である釈迦牟尼仏《しゃかむにぶつ》（シャカ）の背後に、様々な永遠の仏の存在が説かれるようになる。たとえば、阿弥陀仏、大日如来、（大）ビルシャナ仏、薬師如来、久遠実成《くおんじつじょう》の釈迦牟尼仏といった仏が、各宗派の崇拝の対象とか、教主として説かれている」

はじめ無神論的であった仏教は、のちに〝有神論的〟になっていったのです。

大ビルシャナ仏とは？

ここで、とくに大ビルシャナ仏、阿弥陀仏、また釈迦牟尼仏（シャカ）について、それらがどのような仏なのか見てみましょう。

大ビルシャナ仏というのは、たとえば東大寺の大仏です。仏教には「顕教」と「密教」とがあって、「大ビルシャナ仏」は顕教での呼び名、密教では「大日如来」と言います。

「ビルシャナ」は太陽を意味するので、「大ビルシャナ」と「大日」は、同じです。また、「仏」と「如来」

はまったくの同義語ですから、「大ビルシャナ仏」と「大日如来」は、同じ仏なのです。ただ、伝統的に違う名で呼んでいるだけです。

「大ビルシャナ仏」（大日如来）について、仏教解説家・ひろさちや氏は、次のように説明しています。

「仏教では……宇宙の中心に、真理そのものである仏が、どっかとましますと考えています。わたしは、このような仏を『宇宙仏』と呼んでいます。宇宙の中心にまします仏であると同時に、宇宙そのものであるような仏だからです。この宇宙仏は、ユダヤ教でいうヤーウェ、基督教でいうゴッド、イスラム教のアッラーと似ていないでもありません。この宇宙仏に、顕教のほうでは名前をつけて、『大ビルシャナ仏』と呼んでいます」

——この文章について、誤解のないように一言注釈を加えておくと、神の名が「ユダヤ教ではヤーウェ、基督教ではゴッド」という説明は、適切ではありません。ユダヤ教でも基督教でも、神の御名（固有名詞）は「ヤーウェ」（ヤハウェ）です。「神」という普通名詞を英語で言うと、「ゴッド」なのです。

たとえば「人」とか「車」とか言ったら、それは普通名詞です。でも「太郎」「花子」、また「カローラ」「サニー」などと言ったら、固有名詞です。「ヤーウェ」は神の固有名で、それはユダヤ教でも基督教でも同じです。ですから先の言葉は、

「……この宇宙仏は、ユダヤ教や基督教のヤーウェ、イスラム教のアッラーと似ていないでもありません」と言った方が、より適切かと思われます。それはともかく、仏教はこのように、いつの間にか「宇宙仏」、すなわち宇宙の真理そのものであるような〝おかた〟の存在を説くようになりました。

この仏は、永遠に存在し、滅びることのない、真理そのものである仏です。これは名は「仏」でも、聖

書の示す「神」（天の父なる神）に、かなり近づいたものと言えるでしょう。
こうした永遠的存在者としての仏の思想は、いかにして生まれたのでしょうか。

「永遠の仏」思想の誕生

永遠の仏の思想は、シャカの死後五、六〇〇年たって、西暦一世紀頃から、涅槃文学の中でしだいに確立していきました。

西暦一世紀と言えば、キリストの十二弟子のひとりであったトマスが、インド方面に伝道し、インドに基督教の影響が及んでいった時代と、同時期です。

使徒トマスはインドの南西部、マラバル地方に七つの教会を建てました。現在でも、聖トマス教会のあるケララ州では、住民の約二五パーセントが基督教徒です。

当時インドにはまた、「ゾロアスター教」の影響も及んでいました。ゾロアスター教は、紀元前六世紀頃に、ペルシャのゾロアスターが唱えた教えです。

ゾロアスターは、それまで多神教的であったペルシャの宗教を、拝一神教《はいいっしんきょう》的にするように努力しました。彼は、永遠の神のもとで善の勢力と悪の勢力が闘争を繰り広げているのだという思想を展開し、やがて救い主が現われて、最終的に歴史は、善の勢力の勝利をもって終わるとしました。

ペルシャでゾロアスターが活動した時代は、イスラエルで預言者イザヤが唯一の聖なる神を高揚《こうよう》し、救い主キリストの出現とその勝利を預言した時代（紀元前八世紀）より、少し後のことでした。しかしペルシャはインドに近かったこともあって、ゾロアスター教の「永遠の神」の思想は、インドに強い影響を与えました。

実際、ペルシャ語とインドのサンスクリット語とは、言語的にも近縁関係にあります。また紀元前の時代から、インド西北部はペルシャ帝国の版図《はんと》の一部となっていて、文化的影響を強く受けていました。

また大日如来を信奉し、特殊な教えを持つ新しい仏教――密教の成立は、一般に七世紀と言われています。景教は、インドには遅くとも五世紀に、中国には七世紀に入っていますから、これは時期的に符合します。

密教を初めて広めた僧侶「竜猛《りゅうみょう》」は、密教界では竜樹《りゅうじゅ》（一五〇年頃～二五〇年頃）と同一人物とみなされていますが、時代が合わないので、七世紀に同名異人が存在したとする説もあります。いずれにしても密教が成立したのは七世紀で、後に述べるように、そこには景教の影響が多分に認められます。

このように、大乗仏教の大ビルシャナ仏や大日如来等の「永遠の仏」の思想は、基督教（原始基督教と景教）やゾロアスター教をはじめとする他宗教との混合、あるいはそれらに対抗するものとして生まれたものであることは確実です。

それは、当時民衆の間にあった太陽信仰とも結びついて、広まっていったのでしょう。そして後世になって、経典化されたのです。

阿弥陀仏とは？

つぎに、「阿弥陀仏」とはどんな仏でしょうか。

阿弥陀仏は、いわば〝救い主〟的な仏の代表格です。

仏教では、教祖シャカの死後、「仏はシャカひとりではない、たくさんいるのだ」という思想が起こりました。これは「過去七仏《かこしちぶつ》」の思想と呼ばれます。

シャカは初めて真理を悟った者なのではなく、シャカより前に六人の仏がいて、シャカは七番目の仏なのだ、というのです。これが「過去七仏《かこしちぶつ》」の思想です（もっとも、その数は後にもっと増えましたが）。

これは〝時間的に〟考えたわけですが、同じようなことは〝空間的にも〟考えられました。つまり、仏はこの場所に限らず、宇宙のいたる所に現われたはずだ。西方のかなたにも、東方のかなたにも現われたはずだ、という考えです。

こうして信仰され始めたのが、「阿弥陀仏」や「薬師仏《やくしぶつ》」です。阿弥陀仏は、西方のかなたにある「極楽浄土」、薬師仏は東方のかなたにある「浄瑠璃浄土《じょうるり》」に住んでいる仏とされました。また大ビルシャナ仏は、宇宙の中心に住んでいます。シャカは「霊山浄土《りょうぜん》」に住んでいます。

仏教では、宇宙のいたる所に仏がいて、その仏の数と同じだけ浄土がある、とされているのです。こうして仏教は〝多仏思想〟になりました。

日本では、念仏の広まりと共に、とくに阿弥陀仏が有名になりました。

阿弥陀仏は、基督教で言えば受肉《じゅにく》（降誕）以前のキリスト、あるいは昇天以後のキリストに、一部似ているところがあります。この仏を信じ、その名を唱えれば、凡夫《ぼんぷ》・悪人でも阿弥陀仏の願力《がんりき》によって、極楽浄土（基督教で言えば天国）に往生《おうじょう》できるというのです。この思想は、

〝イエス・キリストを信じ、その名を呼び求めれば、誰でもキリストの贖罪《しょくざい》のみわざと、とりなしによって、天国に入ることができる〟

という基督教の教えに、非常に近いものになっています。聖書には、

「主の御名を呼び求める者は、だれでも救われる」（ローマ人への手紙一〇・一三）

と記されているのです。実際、多くの学者が、阿弥陀仏信仰の成立には基督教の影響が大きかったと考えています。たとえば「アミダ」は「無量寿・無量光」を意味するサンスクリット語（アミターユース・アミターバー）から来ています。これは、無限の生命・無限の光という意味です。昔、親鸞上人は、

「無量寿の仏を信ぜよ、その不可思議なる光に帰依《きえ》せよ」（帰命無量寿如来、南無不可思議光）

と言いました。このように阿弥陀仏を永遠の「命と光」の仏とするのは、じつは基督教の影響です。浄土真宗の僧侶をやめて基督教の牧師になった経歴を持つ道籏泰誠《みちはたたいせい》氏は、これは聖書のヨハネの福音書にある次の言葉を借用したものに違いない、と述べています。

「この方（キリスト）にいのちがあった。このいのちは人の光であった」（ヨハネの福音書一・四）

この「いのち」と「光」が、「無量寿・無量光」に転化したのでしょう。

実際、阿弥陀仏信仰の成立は、やはり西暦一世紀～二世紀頃とされています。その頃インドやその付近

では、仏はシャカひとりではなく、他の遠い国にも現われる、という思想が盛んになっていました。

そこで〝西方の聖人〟イエス・キリストのことを伝え聞いたとき、折衷《せっちゅう》思想を好む人々はキリストを〝西方の仏〟として取り入れたのでしょう。

また法然《ほうねん》や親鸞の阿弥陀信仰に強い影響を与えた人物に、中国の僧・善導《ぜんどう》（六一三〜六八一年）がいます。善導は、唐の時代の中国で浄土教を起こし、「行為による救い」でなく「阿弥陀仏への信仰による救い」を説きました。彼がこれを説いたのは、ちょうど中国において景教徒が「行為による救い」ではなく「キリストへの信仰による救い」を説き、それが広まり始めていたときでした。

当時の中国では、景教徒と仏教徒との間には深い交流があったのです。善導が、景教徒たちとの交流を通して、「救い主への信仰による救い」の観念を深めたことは疑いありません。

シャカの神格化

つぎに、釈迦牟尼仏《しゃかむにぶつ》（シャカ）について見てみましょう。

仏教の開祖シャカは、後世になると、「久遠実成《くおんじつじょう》の仏」といって、永遠の昔から仏なのだ、と説かれるようになりました。

つまり、「人々はシャカは二九歳で出家して三五歳の時に悟りを開いたと思っているが、じつはそうではない。シャカは本当は〝永遠の昔に〟悟りを開いて仏になったのだ。では、この世に生まれ、修行したのは何なのかというと、それは人々を導くための方便《ほうべん》なのだ」というのです。

このような思想を説いているのが、有名な「法華経《ほけきよう》」です。こうして人間シャカは「永遠の仏」に昇格し、〝神格化〟されたのです。

これは、基督教の「永遠の神」の教義の、いわば〝仏教版〟とも言えるでしょう。実際、インドの高名な宗教学者アーマンド・シャー博士は、キリストの使徒トマスの福音に対抗して、シャカを聖人から救い主に昇格させたのが大乗仏教である、と言っています。

法華経が書かれたのは、西暦一～二世紀においてです。法華経には、シャカが「私は久遠実成の仏である」と言ったという話が載っています。すると弟子たちが、訝《いぶか》しげにこう尋ねたといいます。

「おシャカ様。たとえばここに二五歳の若者がいたとします。彼が一〇〇歳の白髪の老人を指さして『これは私の子ですよ』と言ったりしたら、いったい誰が信じるでしょうか。または逆に、一〇〇歳の老人が若い青年を指さして『これは私の父です』などと言ったら、いったい誰が信じるでしょうか。

おシャカ様、あなたが皇太子をやめて宮殿を出、出家して悟りを得てから、まだ四〇年にしかなりません。それなのに、あなたが永遠の昔に悟りを得た仏であると言われても、私たちにはにわかには信じがたいですよ」

と。シャカが急にこう言い出したのですから、弟子たちの疑問も無理からぬことでしょう。一方イエス・キリストも、あるときユダヤ人からこう質問されています。

「あなたはまだ五〇歳になっていないのに、アブラハム（イエスより二〇〇〇年前の人物）を見たのですか」

するとキリストは彼らに言いました。

「まことに、まことにあなたがたに告げます。アブラハムが生まれる前から、わたしはいるのです」（ヨハネの福音書八・五七、五八）

キリストは、自分が〝久遠実成の救い主〟であると述べたのです。

三身即一と三位一体

以上、私たちは「永遠の仏」として、大ビルシャナ仏（大日如来）、阿弥陀仏、また釈迦牟尼仏を見てきました。

ところで、仏教では大ビルシャナ仏のような仏を「法身仏《ほっしんぶつ》」、阿弥陀仏のような仏を「報身仏《ほうじんぶつ》」、歴史上のシャカのような仏を「応身仏《おうじんぶつ》」と呼んでいます。

「法身仏」とは、〝法〟（真理）そのものを身とする仏ということで、形がなく、永遠に存在し、真理そのものであるような仏です。

「報身仏」とは、法身の〝果報《かほう》〟または良い性質が現われた身の仏ということで、形なき法（真理）を具現化させ、形を持たせたような仏のことです。つまり、法身仏をもっと身近にしたような仏です。

また「応身仏」とは、時に〝応じて〟人々を救うために私たちの世界に現われる仏ということで、歴史上に現われた仏を言います。歴史上のシャカがその代表であるわけです。

仏教の教理によると、これら「法身仏」「報身仏」「応身仏」は、三つの異なった仏というわけではなく、すべて一体であると言われています。どの一仏をあげても他の二仏はその中に含まれているとし、これを一身即三身、または三身即一と言います。

また、法身仏は基督教でいえば父なる神、報身仏は天国でのキリスト、応身仏は歴史上のキリストにあたりますから、「法・報・応の三身が一つである」という仏教の主張は、基督教の「神とキリストの一体論」の仏教版、あるいは仏教的な〝焼き直し〟であると言えるでしょう。

ちなみに中国の景教徒の間では、父なる神は「妙身」と呼ばれ、御子キリストは「応身」、聖霊は「証身」と呼ばれていました。

仏教は、初めは無神論的でした。しかし仏教学者・岩本裕《いわもとゆたか》教授も言っているように、「仏教は後になって多神論になり、最後には一神論的に展開していった」のです。

仏とキリスト

シャカの「苦、無常、無我、涅槃」の思想や、無神論的な立場だけでは満足できなかった多くの人々は、シャカの教えに、様々な思想をつけ加えることによって、仏教を発展させてきました。

人々は、基督教その他の宗教に影響され、あるいはそれに対抗するために、「永遠の仏」の思想を発展させてきました。そしていつの間にか、永遠の生命の本体としての〝神的存在者〟を、信じるようになったのです。人々が「永遠の仏」の名のもとに崇拝しているものの本体は、じつは、聖書の教える「永遠の神」にこそあると私は思っています。

人間が真摯《しんし》に真理を追求していくなら、必ずや「永遠の神」の存在に行き着く、と私たちは考えてよいでしょう。聖書に、

「神は……人の心に永遠への思いを与えられた」（伝道者の書三・一一）

と書かれています。私たちの心には、永遠から永遠まで存在している偉大な神を思う思いが、植えつけられているのです。「永遠の神」を信じる信仰は、人間の真摯な求道から来る必然的な帰結です。

基督教においては、神およびキリストは、どういう存在だと教えているでしょうか。

聖書は、天地宇宙は神の創造によって存在を得たものだと教えます。そして、神はその限りない力によって万物を保っていると。またその神が、私たちを愛し、すべての者を慈しんでいるとも教えます。神は人々へのその愛を、御子イエス・キリストにおいてあらわした。キリストは永遠において神より生まれ出た者であり、神と同質であると聖書は教えます。

しかしキリストは、神を離れてあるのではなく、神と一体であって、神と存在を一つにしています（神とキリストの一体性）。神はキリストにおいて、形なきご自身のかたちを表し、その本質を私たちに如実に示したのです。だからキリストは「神の本質の完全な現われ」であるとも聖書は述べます。

この神と共に永遠に存在するキリストが、歴史上に人間となって出現したのが「ナザレのイエス」であるわけです（ナザレとはイエスの育った町の名）。

そして、イエス・キリストは今も神と共に永遠に生きている、私たちはキリストを通して神がどういう存在であるかを知ることができる、というのが基督教信仰です。キリストは弟子たちに対し、

「わたしを見た者は、父（神）を見たのです」（ヨハネの福音書一四・九）

と言いました。私たちはキリストの教え、行動、わざ等を見ていくことによって、永遠の神がどのような存在であるかを、つぶさに知ることができる——そう基督教は教えます。

第4章 インドでのトマスの伝道と法華経

久保　有政

法華経＝日本仏教のバイブル

つぎに、日本仏教のバイブルとも言われる「法華経《ほけきょう》」と、基督教の教典である「聖書」とを比較して考えてみたいと思います。

その内容を比べてみると、インドに伝わった原始基督教と法華経との関係、また聖書と法華経の違いも、はっきり見えてきます。

法華経は、いわば仏教におけるバイブルのようなものとして、古くから宗派の別なく、日本の仏教徒の間で読まれてきました。

法華経は、日本ではほじめ、叡山《えいざん》（比叡山《ひえいざん》の略称）の天台宗《てんだい》において研究されました。法然、親鸞、道《どう》元《げん》、日蓮《にちれん》など鎌倉新仏教の祖師《そし》とされる人々も、一度は叡山の学僧となりましたから、彼らはみな法華経にふれています。

彼らのうち、とくに道元と日蓮は、最後まで法華経と深い関係を持ちました。

道元の著した『正法眼蔵《しょうぼうげんぞう》』には、法華経の言葉が数多く引用されています。また彼は、病重きを悟ったとき、法華経の詩句を口に唱えながら、死に対する心の準備をしたといいます。

一方、日蓮は、法華経をシャカの唯一の真の教えとし、「南無妙法蓮華経《なむみょうほうれんげきょう》」の題目を説き、法華経信仰を広めました。彼はまた、自分を「法華経の行者《ぎょうじゃ》」と呼び、苦難の中でも法華経信仰に生きました。

法華経は、仏教の発祥地インドでは、ほとんど見向きもされなかった経典です。しかし、大乗仏教の伝わった中国や日本では、非常に重要視される経典となりました。今日、中国の大乗仏教はほとんど消滅状態にあるので、日本は、法華経が今なお篤《あつ》く信奉されているほとんど唯一の国です。

天台宗では法華経を〝第一の〟経典とし、日蓮宗では法華経をシャカの〝唯一の〟真の教えとしました。こうした宗派では、法華経は絶対的な権威を持った経典なのです。

近代の仏教系新興宗教の中にも、法華経を信奉するものが、数多く現われました。「霊友会」「立正佼成会」「創価学会」は法華経信奉団体ですし、「雨ニモマケズ」の宮沢賢治《みやざわけんじ》も法華経信者でした。

彼らの〝法華経信仰〟すなわち〝一書に対する信仰〟は、ある意味では、クリスチャンの〝聖書信仰〟とも比べられるものです。クリスチャンが聖書のみを信仰の拠《よ》り所とするように、日蓮・法華信奉者においては、法華経のみが信仰の拠り所とされています。

斉藤宗次郎と宮沢賢治

ここで、ある基督教徒と、ある法華経信者の交流の話をご紹介したいと思います。

その基督教徒は、斉藤宗次郎《さいとうそうじろう》という人です。

彼は一八七七年、岩手県花巻《はなまき》で、禅宗の寺の三男として生まれました。そして一五歳のとき、母の甥にあたる人の養子となり、斉藤家の人となりました。

彼は小学校の先生となりました。一時、彼は国粋主義に傾くのですが、やがてふとしたきっかけで内村《うちむら》鑑三《かんぞう》の著書に出会い、聖書を読むようになりました。一九〇〇年、信仰告白をし、洗礼を受けてクリスチャンになりました。花巻の地で第一号のクリスチャンです。

斉藤宗次郎が洗礼を受けたのは一二月の朝六時、雪の降り積もった寒い朝、豊沢川においてでした。珍しいことだと、橋の上には大勢の人が見物にやって来ました。

しかし、これは基督教がまだ「耶蘇《ヤソ》教」「国賊」などと呼ばれて、人々から激しい迫害を受けている時代のことです。洗礼を受けたその日から、彼に対する迫害が強くなりました。親からは勘当《かんどう》され、以後、生家に一歩たりとも入ることを禁じられてしまったのです。

町を歩いていると、「ヤソ、ヤソ」とあざけられ、何度も石を投げられました。それでも彼は神を信じた喜びにあふれて、信仰を貫いていました。

しかし、いわれのない中傷《ちゅうしょう》が相次ぎ、ついに彼は小学校の教師を辞めなければならないはめになってしまいます。また、迫害は彼だけにとどまらず、家族にまでも及んでいきました。

長女の愛子ちゃんはある日、国粋主義思想が高まる中、ヤソの子どもと言われて腹を蹴られ、腹膜炎を起こしてしまいます。何日か後、彼女はわずか九歳という若さで天国に帰って行きました。

その葬儀の席上、讃美歌が歌われ、天国の希望のなか平安に彼女を見送りましたが、愛する子をこのようないわれなきことで失った斉藤宗次郎の内なる心情は、察するに余りあります。

彼はその後、新聞配達をして生計をたてるようになります。朝三時に起き、汽車が着くたびに何度も駅に新聞を取りに行き、配達をするという生活でした。重労働のなか、彼は肺結核をわずらってしまい、幾度か喀血《かっけつ》しました。それでも毎朝三時に起きて、夜九時まで働くという生活を続けました。その後の夜の時間は聖書を読み、祈る時としました。不思議なことに、このような激しい生活が二〇年も続きましたが、体は支えられました。

朝の仕事が終わる頃、雪が積もると彼は小学校への通路の雪かきをして道をつけました。小さい子どもを見ると、だっこして校門まで走ります。彼は雨の日も、風の日も、雪の日も休むことなく、地域の人々のために働き続けました。自分の子どもを蹴って死なせた子どもたちのために。

新聞配達の帰りには、病人を見舞い、励まし、慰めました。

やがて一九二六年、住み慣れたその故郷を離れ、彼が東京に移る日がやって来ました。花巻の地を離れるその日、〝誰も見送りに来てくれないだろう〟と思って彼は駅に行きました。

ところが、そこには町長をはじめ、町の有力者たち、学校の教師、またたくさんの生徒たちが見送りに来てくれているではありませんか。神社の神主もいました。仏教の僧侶もいました。さらに他の一般の人たちも来て、町中の人々でごったがえしていたのです。

斉藤宗次郎がふだんからしてくれていたことを、彼らは見ていたのです。彼らは感謝を表しにやって来ていました。身動きできないほど多くの人々が見送りに来てくれたのです。

そのなかのひとりに、宮沢賢治がいました。

宮沢賢治は、有名な法華経信者、日蓮宗の人です。その彼もそこに来てくれていました。そして斉藤宗次郎が東京に着いてのち、彼に最初に手紙をくれたのは宮沢賢治でした。

宮沢賢治はその五年後、有名な「雨ニモマケズ、風ニモマケズ」の詩をつくりました。この詩は、最後は「そういう者に私はなりたい」という言葉で締めくくられています。この詩のモデルになったのが、斉藤宗次郎だったのです。

「雨にも負けず、風にも負けず、雪にも夏の暑さにも負けぬ丈夫な体を持ち、決して怒らず、いつも静かに笑っている。一日に玄米四合と味噌と少しの野菜を食べ、あらゆることを自分を勘定に入れずに、よく見聞きし分かり、そして怒らず、野原の松の林の陰の小さな藁葺《わらぶ》きの小屋にいて、東に病気の子どもあれば、行って看病してやり、西に疲れた母あれば、行ってその稲の束を負い、南に死にそうな人あれば、行ってこわがらなくてもいいと言い、北に喧嘩《けんか》や訴訟があれば、つまらないからやめろと言い、日照りのときは涙を流し、寒さの夏はおろおろ歩き、みんなに木偶《でく》の坊と呼ばれ、褒められもせず、苦にもされず——そういう者に私はなりたい」

『日本詩人全集20　宮沢賢治』(新潮社刊)に準拠

斉藤宗次郎の生き方に対し、宮沢賢治は深い共感を覚えたようです。たとえ迫害されても決して怒ることをせず、ただ静かに微笑んでいたのが、斉藤宗次郎でした。そして自分の利益を追求せず、人々のために尽くしました。彼は真の「柔和《にゅうわ》」を体得した人でした。

このような人には、本当に頭が下がります。今日、斉藤宗次郎という名前を知っている人は多くありません。彼は有名な人ではありません。しかし、名も知れず、このような立派な生き方をした人々がたくさんいたのです。

一方、キリスト教徒の中にも、仏教徒の行動に対し深い共感を覚えた人がいます。明治・大正時代に活躍したキリスト者であった内村鑑三は、その著『代表的日本人』の中で、日蓮宗の創始者・日蓮についてこう述べました。

「彼は小さな草屋を建てた。ここに彼は、彼の法華経を携えて居を定めた。——独立なる人間よ——こうして……大日蓮宗は、その起源をこの草屋に持ったのである。身延《みのぶ》、池上、そのほか各地の宏壮《こうそう》な建物、それとともに全国五千あまりの寺と、そこに礼拝する二百万の信徒——すべてはその起源をこの草屋と、この一人の人に有したのである。偉大なる事業は常にこのようにして生まれる。一個の不屈なる霊魂と、それに対立する世界と。……

二〇世紀はじつにこの人より、彼の教義にあらずとも、彼の信仰と勇気とを学ぶべきである。基督教はそもそも日本においてこのような起源を有したか。宣教師学校、宣教師教会、金銭の給与、人員の援助——偉大なる日蓮よ、彼は、このような何物をも持たず、自分自身とともに独《ひと》りにて開始したのである！」

内村鑑三はこう述べて、日本の基督教会にも日蓮のような独立した人物、不撓不屈《ふとうふくつ》の人物が現われることを祈り願ったのです。

じつは、私も仏教徒ではありませんが、日蓮のファンのひとりです。以前、日蓮の書簡集を読んだことがあって、その人格の深さに大きな感銘を受けました。日本人の祖師たちには、偉大な人々がたくさんいました。その人格は宗教を超えて輝くものだと思います。

法華経は一～二世紀に記された

さて、法華経の中身についてよく見てみましょう。

法華経の現代語訳は、岩波文庫に収録されているものを見ると、上中下の三巻となっています。しかし、その半分のページは漢訳と文語訳に占められ、また注も多いので、本文の現代語訳そのものは文庫本一冊程度の分量です。

それはちょうど、聖書で言えばマタイ・マルコ・ルカの三福音書を合わせた程度の分量です。ですから、それほどの量ではなく、読もうと思えば誰でもすぐに読み通せるでしょう。

法華経は、いつ頃記された経典なのでしょうか。立正大学の田村芳朗《たむらよしろう》教授（仏教徒）は、こう述べています。

「方便品《ほうべんぼん》第二から授学無学人記品《じゅがくむがくにんきほん》第九までを第一類とし、西暦五〇年頃の成立と見なし、法師品《ほっしほん》第一〇から嘱累品《ぞくるいほん》第二二までと序品《じょほん》第一とを第二類とし、西暦一〇〇年頃の成立と見なし、薬王菩薩本事品《やくおうぼさつほんじほん》第二三から普賢菩薩勧発品《ふげんぼさつかんほつぼん》第二七までを第三類とし、西暦一五〇年頃の成立と見なす」

法華経は西暦五〇～一五〇年頃に記された、とされているのです。これはちょうど、キリストの使徒トマスがインドに伝道に入った頃からであることがわかります。

また、シャカが在世した時代は紀元前六世紀ですから、法華経はシャカの死後、じつに約六〇〇年もたって記されたことになります。実際、現代の学者がインド原典について調べた結果、法華経の原典に出てくる用語はシャカの時代のものではなく、ずっと後世のものであることもわかっています。

これはちょうど、二〇世紀に生きる人が、一四世紀の人物――たとえば後醍醐《ごだいご》天皇の伝記を書くようなものです。そんなに昔の人物に関して、正確なことを書くことがいかに困難であるかは、ちょっと想像してみただけでもわかるでしょう。

これに対し、景教徒たちの信奉した聖書――たとえば新約聖書は、イエス・キリストの在世した時代である西暦一世紀の間に記されました。新約聖書はすべて、イエス・キリストの直《じき》弟子たちによって記されたものです。

福音書にしても、イエス・キリストと寝食を共にした弟子たちが、自分の見聞きしたありのままを記しました。新約聖書の書簡も、キリストの直弟子や、キリストから直接啓示を受けた者（使徒パウロ）によって記されました。

このように新約聖書は、キリストの在世した西暦一世紀の間に、キリストを実際によく知っていた人々によって記されたのです。これは、シャカの死後六〇〇年もたって後世の人々が記した法華経とは、著しい対照をなしています。

法華経はシャカの直説ではない

ここで、六〇〇年も後に記された法華経が、本当にシャカの言説そのままなのか、という疑問が当然わいてきます。これについて、田村芳朗教授はこう述べています。

「基督教ではバイブル一冊なのに、なぜ仏教では、いくつもの経典ができあがったのか。……合理的な批判精神の発達した現代人なら、すぐ察しがつくように、経典の多くは、シャカなきあと、長期にわたって仏教徒が作りあげていったものだろう、ということである。

経典を読めば、現実とかけはなれた空想的な事柄やフィクションでいっぱいなことを知るので、『法華経』とても例外ではない。これだけでも、後世の産物であることがわかる。では、仏教徒が勝手に作り上げたと一見してわかるものを、どうしてシャカの言説としたのだろうか。

悟りを開いてブッダ（仏陀）となったシャカの名を語るわけであるから、あつかましいと言えば、これほどあつかましいことはない。この点については、いろいろと理由が考えられているが、その一つとして、インド人は歴史というものに関心が薄かったからだとされる。……」

当時のインド人は、現代の欧米人や日本人などとは違い、歴史を正確に保存しなければならないという意識が、きわめて希薄でした。実際、インドには歴史書がないと言われます。

インド人は、自分の新しい考えを述べようとするとき、著者を自分とはせず、あたかも過去の偉大な人物が語ったかのように記すのが、一般的でした。今日の感覚で言えば歴史の歪曲《わいきょく》にあたりますが、当時のインド人の間ではそうしたことは日常的であり、とくに責められることもなかったのです。

　こうして、後世の仏教徒の作である法華経も、シャカが語った言説とされました。田村教授は言っています。

「インドの仏教徒たちは、シャカについていえば、その歴史的な事実に興味はなく、ひいては後世の作である経典を、シャカの言葉や教説として、はばからなかった」

　仏教の経典には数多くのものがあり、それらはどれもシャカの語った言説という形をとっていますが、互いに教えが矛盾しています。本当にシャカが語ったものなら、どれも同じ教えのはずなのに、経典ごとに教えが違っているのです。

　これは大乗仏典というものが、じつはシャカの説いた直説ではなく、後世の仏教徒の作であるからです。こうした事情は、基督教ではどうでしょうか。

　基督教では、六六巻から成る聖書が「正典」とされています。しかし、じつはこれ以外にも、「外典」「偽典」と呼ばれる書物群が存在しています。

　たとえば、ふつう本屋さんで聖書を買えば、そこにはマタイ・マルコ・ルカ・ヨハネの四つの福音書が収録されています。ところが歴史的にみると、じつはこれ以外にも、聖書中に収録されなかった『ナザレ人福音書』（二世紀）、「エビオン派福音書」（二世紀）、「ヘブル人福音書」（二世紀）、「エジプト人福音書」（二世紀）、「ペテロ福音書」（二世紀）、「トマス福音書」（二世紀）、その他の「福音書」が存在しています。

　けれどもこれらはみな、キリストを直接知らない後世の人々が記したものなので、基督教会はこれらの書物をみな、聖書正典から除外しました。それらは「福音書」という名前がつけられていても、内容はみな文学のようなものにすぎないからです。

もし基督教会が、これらの書物も「聖書」正典としていたら、基督教の教えは混乱したものとなったでしょう。しかし基督教では、信頼に値しないものは、正典に入れなかったのです。

一方、もし仏教界が、かつて基督教会がしたような取捨選択を行なっていたら、仏教界の混乱は避けられたかもしれません。しかし、シャカ自身の記したものや、シャカの直弟子たちの記したものは何も残っていないので、それもできなかったのでしょう。

自画自賛の法華経

つぎに、法華経の内容について見てみましょう。

法華経には随所に、法華経自体に対する賛辞が記されています。たとえば、

「私（シャカ）の滅後（死後）、この経を信じ、他者のために生き、努力するなどの行ないをする者は、その功徳《くどく》は大空が地をおおうほどのものである」（分別功徳品第一七）

「人々の中にあって、もし法華経を信じ、あるいは読み、唱え、説き弘《ひろ》め、書写する者があれば、その眼、清浄にして八〇〇〇のすぐれた能力を獲得するであろう。その者は、全世界の何であれ、くまなく見ることができる。下は地獄から、上は神々の世界に至るまで、そのなかの一人一人の様子をも明らかに見る眼

を持つであろう」（法師功徳品第一九）

　これらはほんの一部ですが、法華経自体が、法華経を信じる者に説いている功徳の例です。法華経は、こうした自画自賛に満ちているのです。『日蓮の本』（学研刊）と題する解説書には、こう記されています。

「法華経には、常識的な考えではとんでもないような空想的な話が、次から次へと出てくる。それよりも不思議なのは、法華経というありがたい経典があると法華経の中で説かれていること。遠い昔から多くの仏が説いてきた究極の経典が法華経であり、信じる者には無限の恩恵が与えられると、繰り返し語られている。

　しかし、そのありがたい法華経自身の中身は何かとなると、まったく語られていない。こういうのを自画自賛というのかも知れないが、法華経が法華経をほめちぎった経典が、いわゆる法華経という変なことになっているのである」

　法華経の内容は、大部分が自画自賛で、肝心の中身はほとんどない、とする説を「法華経＝無内容説」と言います。かつてそれを説いた人に、平田《ひらた》篤胤《あつたね》（神道家、一九世紀）がいます。彼は、法華経は〝中身のない能書き〟だと評しました。富永仲基《とみながなかもと》（儒学者、一八世紀）も、

「法華経は自画自賛ばかりで、教理らしきものがなく、経と名づけるに値しない」

　と言っています。

　たしかに法華経は、教理を説いた所がわずかです。しかし、まったくないわけではなく、幾つかの新しい思想も説いています。

　法華経には、おもに三つの新しい思想があると言われています。それらは「一乗妙法《いちじょうみょうほう》」と呼ばれる万《ばん》

人成仏《にんじょうぶつ》の思想、「久遠本仏《くおんほんぶつ》」と呼ばれる永遠の救い主の思想、また「菩薩行道《ぼさつぎょうどう》」と呼ばれる実践論です。
「一乗妙法」とは、すべての人を平等に成仏させることのできる唯一の教えを意味します。「一乗」は〝ただ一つの乗り物〟の意味で、法華経の教えのことです。

法華経が記された当時、「声聞《しょうもん》」と「縁覚《えんがく》」は仏になれない、という考えが広まりつつありました。しかし、声聞も縁覚も菩薩も、みな平等にただ一つの教えによって成仏することができる――それが法華経の教えだと、説かれたのです。それが「一乗妙法」です。

つぎに「久遠本仏」とは、シャカは〝永遠の仏〟であるという教えです。シャカが二九歳で出家し、三五歳の時に悟りに達したというのは仮の姿であった。シャカはじつは〝久遠の昔〟――永遠の過去にすでに仏になった者なのだ、という思想です。

シャカは、過去・現在・未来において、永遠に人々を教化し続けている、とされました。法華経において人間シャカは、〝永遠の仏〟〝永遠の救い主〟に昇格せられ、いわば〝神格化〟されたのです。

もう一つの「菩薩行道」は、法華経を広めることが成仏のための行だという教えです。「菩薩」とは仏の候補生のことで、やがては仏になるが、今はそのために修行を積んでいる者のことです。

菩薩は、布施《ふせ》(分け与える)、持戒《じかい》(戒律を守る)、忍辱《にんにく》(迫害に耐える)、精進《しょうじん》(実践する)、禅定《ぜんじょう》(心を安定させる)、智恵《ちえ》(真理を知る)という六つの教え(六波羅蜜《ろくはらみつ》)を守る必要があります。しかし法華経は、これら六つの教えも推奨するものの、さらにはるかに重要なのが、

「この経を弘《ひろ》めること」

だと主張しているのです。すなわち、法華経の宣布を、菩薩行の最大のものとしたのです。

法華経の思想と共通するものをすでに聖書が説いていた

このように、「一乗妙法」とはすべての人を平等に救うことのできる唯一の教えがあるということ、「久遠本仏」は永遠の救い主がおられるという教え、また「菩薩行道」は人生において伝道が非常に重要であることを説いたものです。

このように考えてみると、これら法華経の三大思想は、聖書の教えとの間に明確な共通点を持っていることがわかります。これら法華経の三大思想と本質的に共通するものを、すでに聖書が説いていたのです。

まず〝すべての人を平等に救うことのできる唯一の教えがある〟ということから見てみましょう。聖書には、声聞・縁覚・菩薩というように、人々の能力によって教えを変えるようなことが、もとよりありません。すべての人に対して、ただ一つの教えを説き、その教えによってすべての人は平等に救われると説くのです。

その教えとは、神の子イエス・キリストを自分の救い主と認め、その十字架による罪の贖《あがな》いを信じ、彼に従っていくことです。この教えに従うなら、誰でも救われると聖書は説きます。

そこには、声聞・縁覚・菩薩というような別はありません。国籍や、老若男女の別もありません。幼児でも、障害者でも、病人でも、ただ一つのこの教えによって救いに入るのです。聖書は言っています。

「だれでも、キリストのうちにあるなら、その人は新しく造られた者です。古いものは過ぎ去って、見よ、

すべてが新しくなりました」（Ⅱコリント人への手紙五・一七）

聖書は、一乗妙法を説いているのです。つぎに、〝永遠の救い主がおられる〟という教えはどうでしょうか。

これも、聖書が説いているところです。イエス・キリストは、久遠の昔から永遠の未来まで生きている救い主であると、聖書は教えます。彼は、万物が存在するようになる前から存在し、また永遠の未来まで存在しているとされるのです。

「御子（イエス）は万物よりも先に存在し、万物は御子にあって成り立っています」（コロサイ人への手紙一・一七）

聖書では、永遠の救い主がおり、それはイエス・キリストであると説かれているのです。では、永遠の救い主は聖書でキリストとされ、法華経ではシャカであるとされたのは、なぜでしょうか。

先に述べたように、法華経は西暦一世紀後半以降に記されました。当時のインドには、すでにキリストの十二弟子のひとりトマスが、伝道に入っていました。

このことは、NHKの番組「シルクロード」の中でも述べられていました。番組によると、インドのケララ州においてはいまだ人口の五分の一が基督教徒であり、彼らはみずから「トマ（トマス）の子」と名乗っているとしています。トマスが建てたと言われる教会堂も現存しています。トマスの伝道により、インドでは基督教徒が急激な勢いで増えていったのです。

こうした事情から当時の仏教徒の中には、仏教も、基督教に対抗し得るだけの教えを持たなければならない、と感じた人たちがいたようです。彼らは、人間シャカを〝永遠の救い主〟に昇格させ、その神格化を試みました。

〝ジャカは永遠の救い主である〟という法華経の教えは、〝キリストが永遠の救い主である〟という聖書の教えの、仏教的〝焼き直し〟であると、多くの学者が述べています。

では、〝人生において布教が非常に重要である〟という法華経の教えはどうでしょうか。これも、聖書の教えと同じです。イエス・キリストは、昇天する前に弟子たちを集めて言いました。

「わたしは天においても、地においても、いっさいの権威が与えられています。それゆえ、あなたがたは行って、あらゆる国の人々を弟子としなさい。そして父、子、聖霊の御名によってバプテスマ（洗礼）を授け、またわたしがあなたがたに命じておいたすべてのことを守るように、彼らを教えなさい」（マタイの福音書二八・一八〜二〇）

キリストは、福音宣教を信者の第一の義務としました。クリスチャンは福音宣教を実践することによって、神の子とされた者としての愛と義務を全うします。

このように、法華経は、トマスをはじめとするユダヤ人基督教徒によってインドに伝えられた原始基督教に、対抗する形で生まれた経典であると考えられます。

第5章

大乗仏教に対する景教の影響

ケン・ジョセフ
久保　有政

「お盆」には景教の影響も

仏教の教えの中にはまた、景教の影響、あるいは景教の教えに対抗して取り入れられたと思われるものも、たくさんあります。それらを見てみましょう。

景教は、中国の仏教にも大きな影響を与えました。その一つの身近な例は「お盆」です。

お盆は、先祖の霊魂を安んじるための行事です。日本でも七月一五日前後（あるいは月遅れの八月一五日）に行なわれています。

お盆というと、日本人の多くは「純粋な仏教行事」と思っているでしょう。ところが、仏教にはもともと「お盆」というような風習はなかったのです。サンスクリット語の仏教の経典に、お盆は出てきません。

お盆は「ウラボン」（盂蘭盆）の略です。仏教学者・岩本裕教授によれば、これはもともとペルシャ系のソグド語で、「死者の霊魂」を意味する「ウルバン」（urvan）から来ました。ソグド人には、家に祖霊を迎え、共に供え物の風味を味わうという祭がありました。中国のお盆は、それを取り入れたものです。

さらに、景教徒たちにも、じつは先祖の霊魂の慰安を祈る風習がありました。

「大秦景教流行中国碑」には、中国で景教徒たちは「日に七回、礼拝と讃美を捧げ」、「生者と死者とに守りがあるよう」神に祈った、と記されています。

景教徒は、ローマ・カトリックの言う「煉獄《れんごく》」（中途半端なクリスチャンが死後に行くという浄罪所）の教理を拒否しましたが、その一方で死者を大切にしたのです。「煉獄」は聖書にない教えですから、当然、景教徒はそれを受け入れません。これは今日のプロテスタントと同じです。

けれども、死者を大切にすることも忘れなかったのです。この「日に七回」生者と死者のために祈ったというのは、聖書・詩篇の次の言葉に基づくものでしょう。

「あなた（神）の義のさばきのために、私は日に七度、あなたをほめたたえます」（詩篇一一九・一六四）

景教徒が死者の慰安のために祈ったことは、じつはユダヤ的伝統によるものです。

ユダヤ人は昔から、死者の慰安のために祈る風習を持っていました。ラビ・トケイヤーにお聞きしたところ、今日でもユダヤ教においては、ユダヤ暦七月一五日の「仮庵の祭」のときをはじめ、年に数回、先祖の霊のために祈る特別なときがあるそうです（イズコル）。

じつは中国には、ソグド人や景教徒がやって来るまで、死者のために祈る盛大な行事としてのお盆の風習は、ありませんでした。意外に思われるかもしれませんが、インド仏教にも中国仏教にも当初、お盆や、死者のための供養の行事はなかったのです。

しかし、中国は祖先というものを大切にする所です。その中国において、景教徒たちは熱心に、神の憐《あわ》れみに満ちた取り扱いが先祖の霊魂にあるように祈りました。そうやって先祖を大切にする景教徒たちの態度は、中国社会でたいへん歓迎されたのです。そのために景教は、非常な勢いで人々の間に広まりつつありました。

一方、仏教は「先祖や親を大切にしない教え」として、儒教徒などから攻撃を受けていました。仏教は出家主義ですし、もともと、親を捨てないと救われないとする教えです。また先祖に執着心を持っていては修行できないとする考えですから、先祖や親への孝行を説く儒教の人たちから、さんざんに非難を受けていたのです。

それで、仏教でも先祖や親を大切にする態度を見せる必要がありました。中国の仏教僧たちは、景教徒たちに対抗し、「彼らに負けないだけの死者を弔《とむら》う行事を仏教でも持とう」、と計画しました。そうやって、景教徒が中国へやって来た七世紀頃から、中国や、また日本でも、お盆の風習が始まるようになったのです。

ソグド人とインド人の混血として生まれ、長安の都で景教教会のすぐ近くに住んでいた密教僧・不空金《ふくうこん》剛《ごう》（アモガ・ヴァジラ）はまた、西暦七六六年に、仏教徒らを集めて盛大な「死者のための供養祭」を行ないました。七月一五日のことです。これは道教の「中元」の日でもあったからです。

彼らはこうして、様々な宗教概念を仏教的な概念に編成し直し、景教徒への対抗意識から、歴代の中国皇帝の慰霊のために祈りました。

このようにして、中国における「お盆」の風習が、仏教行事として定着したのです。この風習は、さらに唐の時代の中国にわたった空海や最澄《さいちょう》らを通して、日本にも輸入されました。日本でもこうして、今日見られるような「お盆」の風習が定着したのです。

また日本の仏教の寺では、死者を弔う際に、亡くなった日付と戒名《かいみょう》を書いた「位牌《いはい》」を用います。佐伯好郎教授によれば、この風習も、もとは景教のものでした。

景教徒は、死者を弔う際に、亡くなった日付と洗礼名を書いた二つ折りの位牌を用いたのです。そしてこの風習は、もともと仏教にはなかったものです。

このように、仏教の風習と思われているものがじつはそうではなく、景教の影響、あるいは景教への対抗意識から生まれたという場合が、非常に多いのです。

ダルマ伝説に取り込まれたトマス伝説

また達磨《ダルマ》は、一般には禅宗を興した人物とされ、六世紀に生きた人と言われています。ところが、達磨が書いたという『二入四行の説《ににゅうしぎょう》』には、禅の思想がありません。

達磨に関して後世、人々の間に多くの伝説が生まれました。そのため人々の間にあった使徒トマスの話が、達磨伝説の中に取り込まれた形跡があります。

たとえば、達磨は南インドの生まれとされます。しかしそこは、トマスの宣教地でもありました。トマスはインドでは「トマ」と呼ばれていましたから、それが中国語で達磨を意味する「タモ」(Da mo) となったのではないか、という研究者もいます。それが日本でダルマと呼ばれるようになったのであろうと。

またカール・ルートビック・ライヘルト博士は、

「ダルマの絵を見ると、その容貌は中国人やインド人ではなく、まったくユダヤ人の特徴がある」

と述べています。これは余談ですが、昔、日露戦争の頃、日銀副総裁だった高橋是清《たかはしこれきよ》は、人々からよく「ダルマのような顔をしている」と言われました。のちに蔵相となってアメリカを訪問したとき、アメリカ人が彼の顔を見て、「高橋蔵相はユダヤ人だ」と評したほどです。

ダルマは一般に、南インドの人と言われますが、『開元目録《かいげんもくろく》』（八世紀）には、「ときに西域の沙門《しゃもん》菩提達磨《ぼだいだるま》という者がいた。彼はペルシャの人だった」とあります。

禅宗において、達磨の忌日《いみび》は一〇月五日です。しかし、仏教では死んだ日の前日に仏事を行なう習慣がありますから、本当の彼の命日は一〇月六日でしょう。これは、ギリシャ教会がトマスの召天日《しょうてんび》として祭日にしている一〇月六日と、一致します。

さらに、達磨の生きたのは六世紀だと言いますが、この年代についても多くの異説や矛盾点があり、信《しん》憑性《ぴょうせい》がありません。

これらのことを考えると、使徒トマスの伝説が、のちに仏教徒の手によって巧みに「ダルマ伝説」として取り込まれたのは、確実と思われます。

また、ダルマ人形というのがあります。頭に赤い布をかぶって、ひげを生やした人物の、あの丸い人形です。倒してもまた起き上がる――「七転八起《ななころびやおき》」の言葉を表した人形というわけです。

ところがこの「七転八起」というのは、もともとは聖書の思想なのです。今から約三〇〇〇年前に記された旧約聖書・箴言二四章一六節にこう記されています。

「正しい者は七たび倒れても、また起き上がるからだ」

ですから「七転八起」という言葉を聞くと、クリスチャンにはどうも、聖書の言葉のように聞こえてならないというのです。ダルマ伝説には、アジアに伝わった古代基督教が混ざっているように思われます。

景教によって変わった中国や朝鮮の社会

景教が中国で盛んになったとき、中国社会は本当に変わりました。また、本当に素晴らしい行ないをする人々が、たくさん現われました。「大秦景教流行中国碑」には、こんな話も記されています。

ある公爵は、得た富を自分のためには用いず、慈善と布教のために投げ出しました。彼は、景教徒らを集めて毎年五〇日間におよぶ敬虔な大聖会を行ない、共に聖書に聴き、祈りをなす時を持ちました。

飢えた人は、その聖会に来ると食物を与えられ、裸の人は衣を与えられました。病人は治療を受けていやされ、また死者は安らかに葬られました。聖会以外のときも、彼の無私の生活と行ないは、広く人々に良い影響を与えたと記されています。

景教は、その名の通り「光明」の宗教となっていたのです。

景教の遺跡は、朝鮮半島でも発見されています。

韓国南西部で発見された古代の洞穴の内壁には、一六個ほどの飾り額があり、それに景教の絵画が入っています。この洞穴は、六世紀に韓国に来た「黒僧《こくそう》」と呼ばれる景教僧を記念して、七世紀につくられたものです。この景教僧は、立派な人物だったのでしょう。

また韓国の慶州《けいしゅう》といえば、日本の対馬《つしま》の目と鼻の先ですが、そこにある仏教の寺――仏国寺で、景教の十字架が発見されています。『イエス・メシヤ経』など、景教の教典も、その慶州の石窟から仏教の経典と一緒に発見されています。

景教のものが仏教の寺で発見されたり、仏典と一緒に発見されたりというのは、意外に思うかもしれません。しかし、じつは日本の高野山や西本願寺でも、景教の教典が熱心に読まれました。これについては後述します。

また、韓国のハングル文字は、もともと韓国に今から一〇〇〇年以上前に来た景教の宣教師たちによって作られたものだと、韓国生まれの学者ジョン・M・L・ヤングが述べています。それはのちに一五世紀に、李朝《りちょう》第四代世宗《せいそう》の時代に復活し、やがて日本の朝鮮統治時代になって、国民すべてが習う文字として普及しました。

景教にふれた空海

さて、九世紀に空海は、遣唐使の船に乗って日本から中国（唐）にわたりました。

このときの遣唐使であった藤原葛野麻呂《ふじわらのかどのまろ》は、後述する「秦氏」に深いかかわりのある人でした。彼の母は秦氏の出身でした。空海は葛野麻呂と同じ船に乗って、唐に渡りました。

空海は唐において、「真言密教《しんごんみつきょう》」を学びました。この真言密教は、当時中国に影響を与えていた様々な宗教の混合したものでした。

真言密教の立宗者（不空金剛）のいた中国の首都・長安では、当時、景教寺院、仏教寺院、ゾロアスター教寺院、道教寺院などが、軒《のき》を並べて建っていたのです。真言密教の内容は、本来の仏教とは異なるもので、ゾロアスター教や、景教、バラモン教などの教えをかなり取り込んでいます。

空海自身、中国にいたときに、景教に触れる機会がありました。

空海は、般若三蔵《はんにゃさんぞう》という人物に会い、彼から景教の知識を吸収しました。般若三蔵は、混合宗教的な信仰の持ち主ではありましたが、景教の信奉者でもありました。

詳細は省きますが、空海は彼とかなりの議論をしました。とくに絶対者をめぐっての論争です。さらに、実在する救い主は誰かという論になったとき、空海は、

「それは仏陀だ」

と言いました。それに対し般若三蔵は、

「違う、イエスだ」

と反論しました。こうした議論を通し、空海は基督教についてかなりの知識を吸収したのです。このとき空海は、景教徒にはなりませんでしたが、景教の影響はかなり受けたようです。

また空海は、般若三蔵に紹介されて、すぐ近くに住んでいた景教の僧・景浄《けいじょう》（アダム）にも会ったに違いないことは、ほとんどの学者の間で意見が一致しています。空海は中国で「マタイの福音書」や「十戒」、そのほか基督教文書を得た、とも言われています。

空海の伝えた真言密教では、儀式の最初に十字を切ります。今も高野山の法要を見ると、十字を切っています。これはじつは、もともと景教徒が重要な儀式のときに十字を切ったことの、名残《なごり》なのです。景教徒は、入信した人に洗礼を授けるようなときも、十字を切りました。胸の前で、あるいは空を切る形で十

字を切るのは、景教の風習でした。

空海は、立派な信者になったしるしに、「灌頂《かんじょう》」の儀式を受けました。この灌頂は、真言密教以前にはなかったものです。じつはこれは基督教の洗礼式を取り入れたもの、と指摘されています。

灌頂は、梅の木でつくった棒で人の頭に水滴を三度注ぐ儀式です。仏教的には、この三度注ぐというのは何の理由もありません。これは、父・子・御霊の三位一体の名によって三度水を頭にかける、基督教の「滴礼式《てきれいしき》の洗礼」をまねたものでしょう。

景教徒は、洗礼は滴礼式、浸礼式《しんれいしき》（体ごと水中に入る）の両方を行なっていたので、その滴礼式の方が模倣されたと言われています。実際、ドイツのル・コック博士の探検隊が、中央アジアの高昌《ツルファン》付近で、景教寺院の廃墟から壁画を発見しました。その壁画には、滴礼用の聖水鉢と、香炉《こうろ》を持った牧師、および三人の人物が立っている姿が描かれていたのです。

空海は灌頂を受けて、「遍照金剛《へんじょうこんごう》」という灌頂名を授かりました。「遍照」とは〝広く照らす〟の意味で、これは景教徒の訳した漢語聖書・マタイの福音書五章一六節の、

「あなたがたの光を人々の前で輝かせ」

から取ったものでしょう。また空海が、自分の師、恵果和尚《けいかわじょう》から授けられた灌頂用の金属製の器は、ペルシャのものをまねたものと言われています。そして景教で香炉が使われていたように、密教でも火舎《かしゃ》香炉を用います。

さらに、灌頂式に使う祭壇の装飾具において天蓋《てんがい》の裏に太い十字架があり、玉旛《ぎょくはん》の上部にも十字架があります。また卍香炉には卍が描かれていますが、その卍は、十字架の突端を故意に折り曲げたような形

になっています。

空海の開いた真言宗の本山である高野山ではまた、新約聖書が読まれたことも、明らかにされています。

空海は、死に就《つ》こうとするとき、弟子たちに次のように語りました。

「悲嘆してはいけない。私は……弥勒菩薩《みろくぼさつ》のそばに侍《じ》するために、入定《にゅうじょう》する（死ぬ）が、五六億七〇〇〇万年ののち、弥勒と共に再び地上に現われるであろう」（仏教では、弥勒が現われるのは五六億七〇〇〇万年の未来とされている）

将来人々を救いに来るという「弥勒」の来臨のときに、自分も復活するというこの信仰は、まさに、〝キリストが再来するときにクリスチャンは復活する〟という基督教信仰と同様のものです。

ある日本人学者は「空海はすべてを吸収する混合宗教の天才だった」と言い、こうも述べました。

「空海の真言密教と景教、およびマニ教との関係は、興味深い研究課題である」

この「マニ教」とは、ゾロアスター教、基督教と仏教、その他を合わせた混合宗教です。三～九世紀頃まで存在し、その後滅びました。仏教は、マニ教ほどではありませんが、とくに大乗仏教は混合宗教的性格が強いのです。

空海はまた、中国で景教徒やマニ教徒と接し、そのときに彼らから得た〝七日ごとの週日〟の観念を日本に持ち帰ります。それ以前の日本では、この観念は知られていません。空海以後、たとえば藤原道長《ふじわらのみちなが》（九六六～一〇二七年）の日記には、七日ごとの曜日がつけられています。日曜日は「密」または「蜜」と呼ばれています。これは景教あるいはマニ教から来ている、と言われています。

病気平癒の加持祈禱に対する景教の影響

今日の仏教を見てみると、病気をなおす加持祈禱《かじきとう》の風習や、病人を救うという「薬師如来」への信仰などが見られます。しかし仏教にはもともと、病気をいやす祈りの風習はありませんでした。その風習が始まったのは、仏教が原始基督教や景教にふれた後です。

シャカの伝記を読んでみても、シャカが病気にかかって寝込んだことは書いてありますし、頭痛や腰痛、足の痛みに悩まされて弟子にもみほぐしてもらったとかは書いてありますが、病気平癒《へいゆ》の祈りの風習などは見られません。

しかし大乗仏教の時代になって、病気平癒の祈りの風習が始まります。たとえば「薬師如来」の信仰です。薬師如来は、自分の名を聞く者を身体的障害や病気から救う、と信じられた仏です。この仏は「医王」とも呼ばれ、その仏法は「良薬の如し」と言われます。

ところが、薬師如来の信仰を見てみると、薬師如来の周囲には「一二の神将《じんしょう》」が取りまいているとされています。仏教と基督教のかかわりを研究したエリザベス・ゴードン女史は、この「一二の神将」は、初代教会でイエスが絵に描かれたとき、よくイエスが一二の羊を連れている姿に描かれたものをまねたものに違いない、と述べています。

たとえば初代教会の時代に、ローマのカタコムと呼ばれる洞窟の墓の壁画に描かれたキリストは、一二の羊を連れている良き牧者として描かれています。一二という数は、イエスの一二弟子や、イスラエルの一二部族を象徴しているのです。

聖書はまた、イエスはあるとき一二弟子を呼び寄せて、彼らに「あらゆる病気、あらゆるわずらいをなおす」権威を授け、町々、村々へ遣わしたと記しています（マタイの福音書一〇・一）。つまりイエスの一二弟子は、いわば「医王」であるイエスをとりまく「一二の神将」だったのです。

また、西暦七世紀頃に成立した真言密教においても、病気平癒の加持祈禱が始まります。それまでの仏教には、病気をいやす祈りを強調する風習はなかったのです。真言密教の病気平癒の加持祈禱は、景教徒が病気平癒の加持祈禱を行なっていたことに感化されたものだ、と言われています。

景教的要素を取り入れた仏教

日本では、一〇世紀になると「称名念仏《しょうみょうねんぶつ》」の信仰が広まり始め、一二世紀には、法然や親鸞が「南無《なむ》阿弥陀仏《あみだぶつ》」の念仏を大衆化しました。

「南無」とは、「帰依《きえ》する」とか「信仰する」という意味で、「南無阿弥陀仏」は、「阿弥陀仏を信じます」とか「阿弥陀仏に帰依します」という意味です。法然や親鸞は、この念仏を唱えるならば、誰でも浄土（基督教でいう天国）に生まれることができ、救われると説いたのです。

こうして仏教思想が、〝神的存在者（阿弥陀仏）の名を唱え、信仰を表明するならば、誰でも救われる〟

というかたちになっていったのは、新約聖書・使徒の働き二章二一節の、
「主の名《な》を呼ぶ者は、みな救われる」
という原始基督教および景教の信仰が、様々なプロセスを経て、仏教思想に影響を及ぼしていった結果にほかなりません。仏教思想は、その他様々な人物、状況を通して変貌していきました。

もともと「無我」(無神無霊魂)を標榜《ひょうぼう》して立っていた仏教は、こうしていつのまにか「我」(霊魂)を認めるようになり、しかも有神論と未来的生命を唱え出し、「自力」を改めて「他力」となし、「未来往生《みらいおうじょう》成仏《じょうぶつ》説」を説くようになりました。

仏教は、このように明らかに混合宗教です。

しかし、仏教のこの〝変化する宗教〟〝他を取り込む宗教〟としての性格は、人によっては仏教の利点として捉えられているようです。たとえば高野山のお坊さんに聞けば、空海の偉大さは、景教のような世界宗教を取り入れて包み込んだところにある、ということになります。

また創価学会の方に聞けば、仏法の偉大さは時代と共に常に発展進歩していくことにある、ということになるわけです。一方、こうしたことについて、基督教ではどう考えるのでしょうか。

基督教では、少し考え方が異なります。基督教では、「発展」することではなく、むしろ初代教会の信仰に「立ち帰る」ことが理想とされています。

基督教の歴史でも、様々の異教的信仰が入ってしまったり、世俗的になって堕落してしまったり、聖書の正しい理解を失って異端になったり、といったことがありました。ですから基督教では、本来の信仰――初代教会時代の生き生きした正しい信仰に帰ることが、理想とされています。

基督教では、「発展」よりも、むしろ「回帰」が求められているのです。初代教会の信仰から離れていくような「変化」は、正しくない変化とされます。基督教世界では今、初代教会時代の信仰を「回復」しようという運動が盛んです。

第6章

仏教より早く日本に入ったユダヤ的基督教

ケン・ジョセフ
久保　有政

古代基督教国・弓月から来た秦氏一族

多くの人は、基督教が日本に初めて伝わったのは一五四九年、イエズス会の宣教師フランシスコ・ザビエルが日本に来たときだと思っています。一方、日本への仏教伝来は五三八年頃だから、仏教の方が基督教よりもずっと早く日本に入っていた、と思っておられるのではないでしょうか。

私も以前はそう思っていました。しかしよく調べてみると、じつは反対で、基督教の方がいち早く日本に入っていたのです。そして、それはユダヤ的な基督教でした。

公式な記録から知れるところでは、基督教は遅くとも四世紀には日本に入っていました。『新撰姓氏録《しんせんしょうじろく》』は、仲哀天皇（第一四代）の第八年に、「弓月《ゆづき》」の王、功満《こうまん》が日本の朝廷を公式訪問したと記しています。この仲哀天皇第八年は、伝統的には西暦一九九年とされますが、今日の学者は一般に四世紀後半とみています（平凡社『世界大百科事典』）。

「弓月」（中国読みでクンユエ　Kung-Yueh）という国は、中国の史書（資治通鑑《しじつがん》）にも記されていて、中央アジアにありました。現在のアラル海とアフガニスタンの間、あるいはバルハシ湖の南にあったとされています。彼らは遊牧民でしたから、もとはもっと西の方——西アジアの方にいた人々だったとも思われます。

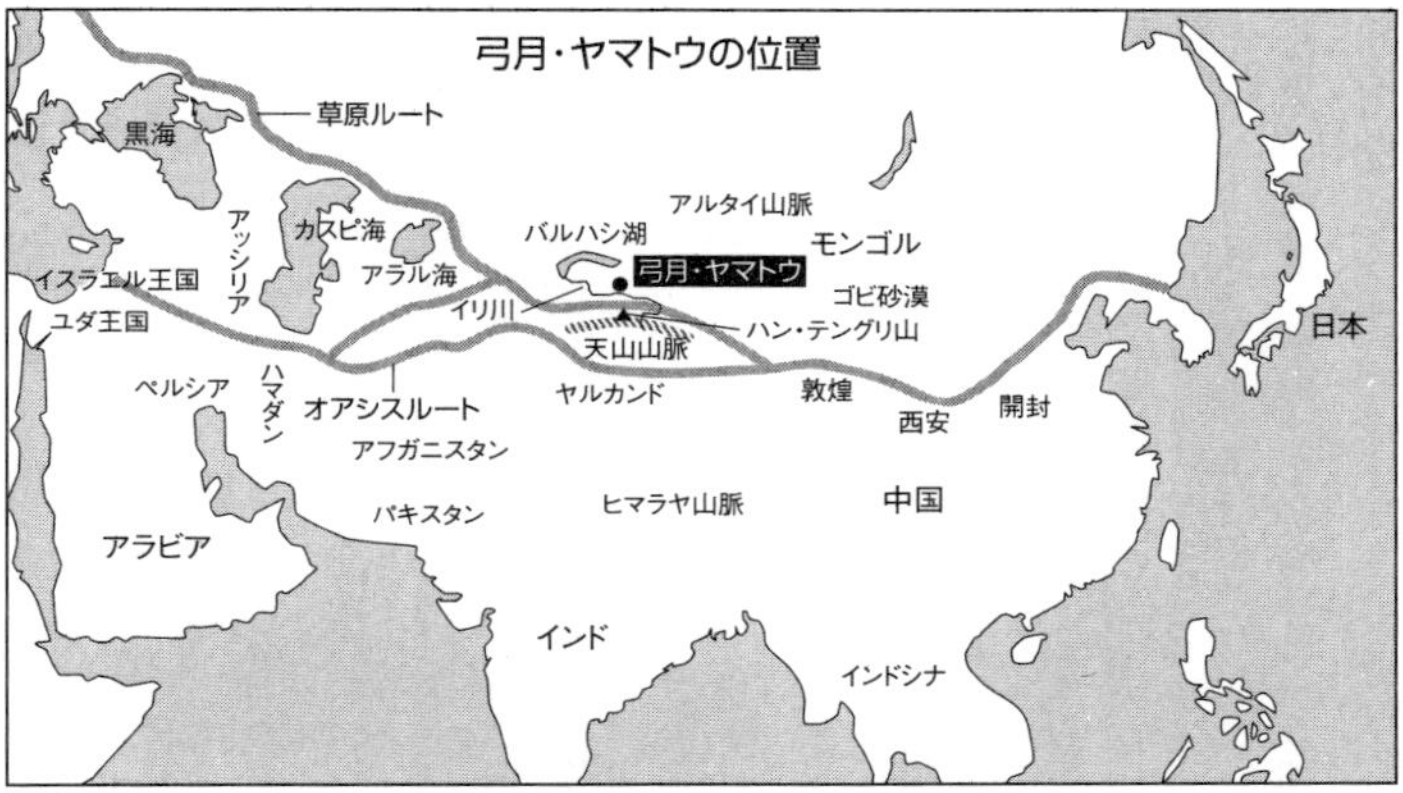

佐伯好郎博士の研究によれば、これは小国とはいえ、基督教王国でした。

さらに日本の応神《おうじん》天皇（第一五代）の第一四年（一説には三七二年）に、功満王の子（融通《ゆうずう》王）が一万八六七〇人の民を率いて日本に渡来、帰化しました。これは大集団です。彼らは民族ごと日本にやって来ました。彼らがいわゆる「秦氏《はたし》」（または「はたうじ」）です。

弓月の人々――秦氏が日本にやって来たのには、次のような事情がありました。

中国の皇帝たちは、征服した多くの周囲の民族を使役《しえき》して、次々と万里の長城の建設にあたらせていました。中央アジアなどの民も、そのために駆り出されました。その苦《く》役《えき》に耐えかねて、多くの人々が朝鮮半島や日本に逃げてきたのです。そのことは朝鮮半島の古代の石碑（好太王の碑文　五世紀）や、中国の史書（五漢書の東夷伝《とういでん》　五世紀）に記されてます。

クンユエの人々も、万里の長城建設の苦役に耐えられず、満州を経て朝鮮半島に逃れました。朝鮮半島でも彼らは苦境に追い込まれましたが、それを助けて保護してくれたのが、日本の天皇でした。こうやって日本にやって来たのが、秦氏です。

彼らは背の高い人々で、衣服を清潔にし、特別な言語や風俗を持つ人々でした。また王は馬に乗り、高い文化を持つ人々であったと、中国の史書（三国志・魏志東夷伝　三世紀）に述べられています。

日本の歴史の本をみると、たいてい、秦氏は中国や朝鮮半島からやって来たと書いています。しかし、中国や朝鮮半島は、彼らの単なる経由地にすぎませんでした。

秦氏はもともと、もっと向こう――中央アジアからやって来たのです。それは今で言うカザフ共和国東南部、キルギス共和国、新疆《シンチャン》ウイグル自治区北部あたりでした。「天山山脈《テンシャン》」の北側のふもとであり、昔この地はクルジア（Kuldja）といい、「弓月城」とも呼ばれました。

秦氏の故郷であったクンユエ（弓月）にはまた、興味深いことに「ヤマトゥ」という地名があります。ヨセフ・アイデルバーグというユダヤ人が、その著『大和民族はユダヤ人だった』（たま出版刊　二〇二ページ）の中にそう書いています。

ただし、これは今の地図には載っていないようです。ヴァンミーター・美子《よしこ》さんという方がこれについて調べて、ニューヨーク・タイムズ社発行の七〇年前の地図帳を見て、ようやくその位置を確認したと自著の中に書いています（英語式の読み方ではジャマティ。ヴァンミーター・美子著『幻の橋』星雲社発売　レムナント出版刊）。

ヤマトゥは、中央アジアのバルハシ湖の南側、イリ川上流にあります。そこは昔、中国人が「弓月」と呼んだ地域と同じです。「ヤマトゥ」の名称は、秦氏がかつてそこに住んでいたときに、自分たちでその地を呼んでいた名称かもしれません。

その秦氏が日本に来ました。そして日本に来てから彼らが最も多く住んだ地、奈良や京都あたりは、「ヤマト」（大和、倭）と呼ばれるようになりました。それはそののち日本全体を表す別称ともなりました。アイデルバーグは、日本をヤマトと呼ぶようになった由来は、この中央アジアの「ヤマトゥ」ではないかと述べました。

また、ヤマトゥをもしヘブル語として読めば「神《ヤハウエ》の民」の意味であるとも、アイデルバーグは述べます（「ヤ」はヤハウェ、「ウマトゥ」は民の意）。ヴァンミーターさんがアメリカの東方正教会（オーソドックス）の人に聞いたところによれば、アラム語でもヤマトは「神の民」の意味だそうです。

さらに、秦氏の故郷を調べてみると、そのすぐ近くに「ハン・テングリ山」（Khan Tengri）という高山があるのがわかります。天山山脈に属する山です。「ハン」は、チンギス・ハンなどの「ハン」（族長の称号）と同じ、テングリはモンゴル語で天神（または天）のことです。

日本の「天狗《テング》」も、天神、山の神であり、その名称の由来はこの「テングリ」にある、という学者もいます。高い鼻を持った天狗が、額《ひたい》に兜巾《ときん》（黒い箱）をつけ、手に巻き物（トラの巻）を持っている姿は、ちょうどユダヤ人が額にテフィリンをつけ、手にトーラーの巻き物を持っている姿によく似ているとも言われます。

じつは秦氏が多く住んだ京都に、愛宕山《あたごやま》というのがあり、そこは「天狗」伝説で有名です。そこの天狗は、日本第一の天狗と言われています。

また同じく秦氏が多く住んだ奈良県の三輪山《みわやま》付近において、その北東にある巻向山《まきむくやま》の一峰は、『万葉集』

で「弓月ヶ嶽《ゆつきがたけ》」と言われています。秦氏の故郷「弓月」を偲ばせる名称です。しかもこのへん一帯には、〝父なる神が処女のもとに寄り来て聖なる子が誕生した〟という伝説さえ伝わっているのです（玉依姫《たまよりひめ》の伝説）。これは〝処女が神の霊によってみごもり、聖なる子イエスを生んだ〟という聖書の話に、なんともよく似ています。

一方、九州北部も、秦氏が多く住んだ所として知られています。その地には、秦氏と関係のある宇佐八幡宮《うさはちまんぐう》（後述）や、「山門郡大和町《やまとやまと》」（福岡県）といった古くからの地名、「天山山地」（最高峰は天山）、「天狗で有名な山（求菩提山《ぐぼて》）などがあります。これらも無関係ではないのかもしれません。

秦氏は、日本に神社をたくさん創建しています。それらの神社を見てみると、彼らの古代ユダヤ的基督教信仰の名残と思われるものがたくさん見られます。それらの神社はもともと彼らの「古代基督教の礼拝所」だった、と述べる研究者もいます。

記録によれば、秦氏一族は当初、みな養蚕《ようさん》と絹織物業にたずさわる人々でした。シルクロードにおける絹の交易は、ユダヤ人または基督教徒がほぼ独占していたものです。そしてこのハタ氏が入ってから、「機織り」（ハタ織り）という言葉が、人々の間で使われるようになります。

秦氏は日本に来てから、非常に大きな力を持つようになりました。しかし彼らは、蘇我氏《そがし》や物部氏《もののべし》のように権力争いをすることをしませんでした。彼らはまじめで、平和的、開明的な人々でした。

弥勒菩薩像の手の形の意味

後に述べるように、景教徒たちが日本にも来るようになると、秦氏の信仰は景教の信仰と融合したようです。実際、京都において秦氏が最も多く住んだ地域は、「太秦《うずまさ》」と呼ばれています。そこには秦氏が建てた「広隆寺」という寺があり、別名「太秦寺《うずまさでら》」とも言います。

古い記録では、「大秦寺」と書かれることもありました。「大秦寺《だいしんじ》」は、中国の景教徒の間では、景教の教会を意味した言葉です。「大秦《タチン》」は、中国の言葉でローマ帝国シリア領をさし、そこは景教の発祥地なのです。

「大秦寺」＝「太秦寺」＝「広隆寺」といえば、弥勒菩薩像《みろくぼさつ》（半跏思惟像《はんかしゆい》）で有名です。ところがその弥勒像には、他の仏像にはない特徴があります。

ふつう仏像の多くは、片手をあげ、その手の平を前にして見せていたり、あるいは両手を体の前で組んでいたりします。しかし広隆寺の弥勒像は、右手をあげ、その右手の親指の先と薬指とを合わせて、三角形をつくっています。そして他の三本の指を伸ばしています。広隆寺以外にも中宮寺《ちゅうぐうじ》や、韓国の寺などにも、よく似た弥勒菩薩像（半跏思惟像）がありますが、この指の形をしているのは広隆寺のだけです。

じつはこのスタイルと同じものが、景教の遺跡中に発見されているのです。次々ページの写真に示したものは、中国西部・敦煌《とんこう》で発見された景教の大主教を描いた壁画です。オーレル・スタイン卿によって一九〇八年に発見されました（ロンドン、大英博物館蔵）。

発見されたときは傷《いた》んだ状態でしたが、ロバート・マグレガーが復元したのがこの絵です。一〇三六年に封印された洞窟から、景教の書物を含む多数の書物と共に発見されました。景教の十字架が、棒の先、額、胸の三ヶ所にあります。

そして、右手の形に注目してほしいのです。親指の先と他の指一本とをつけて三角形をつくり、残りの三本の指を伸ばしています。広隆寺の弥勒像と、あまりによく似たスタイルです。

景教徒は、象徴《シンボル》を好んだことで知られています。彼らはまた、基督教の正統的教義である「神の三位一体」（父なる神、キリスト、聖霊の一体性）を信じていました。この右手の形は、その三角形と、その伸ばした三本の指とで、彼らの三位一体信仰を表す二重の象徴であったと思われると、研究家は述べています。

また、ミロクというのは、何でしょうか。

それは仏教における未来の救い主、来たるべきメシヤです。基督教でいえば「再臨のキリスト」によく似ています。

ミロク思想は、じつは四世紀のインドにおいて生まれました。これはちょうど、基督教がインドにおいて急速に勢力を伸ばしていた時期にあたります。

その他、ペルシャの宗教も盛んにこの地域に影響を与えていました。これらの宗教のメシヤ思想が仏教の中に入って、マイトレーヤの思想、すなわちミロク思想となったのだと研究家は述べています。

また、ミロク思想が聖書に影響されて出来たことを示す、次のようなこともあります。

「賢《けん》愚経《ぐきょう》」に、ミロクの前世に関する話として、ミロクが生まれたとき、その子はこの世のものとは思え

秦氏創建の広隆寺の弥勒菩薩像。手の形が景教の大主教のものと同じであることに注意。
（広隆寺蔵）

中国西部・敦煌で発見された景教の大主教の壁画。オーレル・スタイン卿によって1908年に発見された。傷んだ状態だったが、この絵はロバート・マグレガーが復元したものである。1036年に封印された洞窟から、景教の書物を含む多数の書物とともに発見された。景教の十字架が、棒の先、額、胸の３ヶ所にある。また右手の形に注目してほしい、親指の先と中央の指１本とをつけて三角形をつくり、他の３本の指は伸ばしている。景教徒は象徴を好んだことで知られるから、これは彼らの信仰である三位一体信仰を二重に象徴として表現したものだろうと言われている。
（大英博物館蔵）

ないような輝きを放っていたとあります。そのニュースはやがて国王の耳に入り、王は、徳を備えたその子にやがて王位を奪われるのではないか、と心配します。王は、子が成人する前に殺害しようと計画。しかしその計画は失敗し、ミロクは生き延びたというのです。

これは、イエスが生まれたとき、そのニュースは国王ヘロデの耳に入り、ヘロデ王は、その子にやがて王位を奪われるのではないかと心配した、という聖書の話、および、その子が成人する前に殺害しようとヘロデ王は計画するけれども、計画は失敗してイエスは生き延びたという話に、よく似ています。

このように、イエスに関する話がミロク伝説に取り込まれたようだと、学者は指摘しています。中国の景教徒の間では、メシヤとミロクがほぼ同一視されていたこともあったようです。

つまり、秦氏の寺にミロク像が置かれたことは、そうした背景からも考えることができます。

秦氏の人々は、仏教をあからさまに排斥することはしませんでした。彼らはミロク像を通して、そこにメシヤ・イエスの姿を見ていたに違いありません。

山口県山口市に、「大道寺跡《だいどうじあと》」というところがあります。「大道寺」というのは、ザビエル来日後、最初に建てられたキリシタン寺です。この地域では、かつて多くの真言宗の仏教徒らが、キリストこそ弥勒の本当の姿と信じて、仏教から基督教に移ったことが記録にあります。

「ウズマサ」は秦氏の信じた宗教の本尊

太秦寺＝広隆寺の創建者は、秦氏の首長・秦河勝《はたのかわかつ》でした。彼の名は、『日本書紀』にも出てきます。『日本書紀』によれば七世紀、皇極《こうぎょく》天皇（在位六四二〜六四五年）の世に、ある男が、蚕《かいこ》に似た虫を「常《とこ》世《よ》の神」と称し、それを祭れば富と長寿が得られると人々に言って、民衆を惑わしました。そこに秦河勝が出てきて、その男と、その邪教を打ち懲らします。

秦河勝は、一種の宗教改革をやったわけです。このとき民衆はそれを称《たた》えて、

「ウズマサさまは　神とも神と聞こえ来る　常世の神を打ちきたますも」

と詠《うた》ったと記されています。これは、

〝ウズマサさまは神の中でも神だと大評判だ。常世の神を打ち懲らすほどだから〟

というような意味です。この「ウズマサ」は、民の間では秦河勝のことだとか、秦氏のことだとか理解されました。また先にも述べたように「ウズマサ」は、秦氏が京都に住んでいた場所の地名としても今も残っています（京都の太秦）。

しかし、「ウズマサ」は秦氏の人々にとって、もともと特別な意味を持った言葉だったようです。『日本書紀』などには、秦氏によって皇室に捧げられた絹が、山のように「うづまさる」ので、「うずまさ」と呼ばれるのだと、こじつけ的解釈をしていますが、「うずまさ」と「うづまりまさる」では、

どう見てもしっくり結びつきません。

当時の日本人にも、「ウズマサ」は不可解な言葉だったようです。江戸時代の国学の大家・本居宣長《もとおりのりなが》も、「ウズマサと言うようになった理由は、はっきりしない」と述べています。そこで佐伯好郎博士や、手島郁郎氏などは、「ウズマサ」はもともとは秦氏が信じていた宗教の〝本尊名《ほんぞんめい》〟であったろうと考えました。

佐伯博士は、「ウズマサ」は、もともとはイエス・キリストを意味するアラム語、あるいはシリア語（景教徒の中心地エデッサで話されていたアラム語の方言）だったと述べました。というのはイエス・キリストのことをアラム語で、イシュ・マシァ（Ishu Mashiach）と言います。

しかし、アラム語は広く中近東一帯で使われていた言葉ですから、地方によって訛《なま》りが大きいのです。東の方へいくと「イズ・マシ」「イザ・マサ」などと発音され、さらにインド北部あたりまで来ると、「ユズ・マサ」などと発音されるようになります。

こうしたアラム語が少し訛って「ウズ・マサ」となったのであろう、そしてそれはもともとイエス・キリストのことだった、と考えたわけです。

また広隆寺には、昔から「いさら井《い》」と呼ばれている井戸があります。これは八七三年の記録（広隆寺縁起流記資材帳《えんぎりゅうきしざいちょう》）にも出てくる古い井戸で、それ以前から存在していたものです。以前には付近に一二あったそうです。

じつは中国の古文書では、イスラエルのことを「一賜楽業《イスラエ》」と言いました。また一一世紀の日本の古歌に、「いさら井のふかくのことは知らねども……」とあります。これはすでに当時、「いさら井」の意味が疑問となっていたからでしょう。

イスラエルには、昔イスラエル民族の父祖ヤコブが掘った「ヤコブの井戸」と呼ばれる井戸があります。新約聖書にも登場し（ヨハネ福音書四・六）、今そこは教会になっています。ヤコブの別名はイスラエルですから、これはいわば「イスラエルの井戸」です。秦氏の掘った「いさら井」という井戸の名は、このイスラエル的伝統によるものと思えます。

中国ではダビデを「大闢」と書いた

「いさら井」は、広隆寺が建つ前はおそらく、同じく秦氏が京都・太秦の地につくった「大酒《おおさけ》神社」に属していたと言われています。広隆寺の近くに、今も大酒神社と呼ばれている所があって、そこの門柱に、

秦氏の大酒神社にある「機織管絃楽舞之祖神」「太秦明神」の門柱。

「ウズマサ明神《みょうじん》」（太秦明神）を祀っていると書かれています。つまり、そこはもともとイエス・メシヤを礼拝する所だったと思われるのです。

秦氏の大酒神社の由緒書きには、その神社の名は、もともと「大辟」神社と書いたと記されています。中国の景教徒の間では、ダビデを「大闢」（中国読みでダヴィ）と書きました。「大辟」は、その〝門構え〟がとれて簡略化したものでしょう。また、ダビデは竪琴の名人であったと聖書に記されていますが、この神社の門柱に、

「機織管絃楽舞之祖神」

と記されています。また七四八年に、秦氏の首長で「大酒」（大辟、大避、大闢）という人が、大蔵長官となったことが記録にあります。基督教徒の間では、人の名前にダビデとつけるのは、よく行なわれることです。英語のDavidも、ダビデの意味です。広隆寺では、「大僻《おおさけ》明神」が信奉され、これは芸能神とされています。ですから、漢字はいろいろでも、「オオサケ」がダビデを意味したことは疑いようのないものに思えます。

もっとも基督教徒やユダヤ人は、人間を「神」とすることはしません。しかしユダヤ人や基督教徒にとって、「ダビデ」はイエス・キリストの別名でもありました。

旧約聖書のメシヤ預言の中では、イエス・キリストはしばしば「ダビデ」の名でも呼ばれています（エゼキエル書三七・二四〜二五、ホセア書三・四〜五）。古代イスラエルの王ダビデは、イエス・キリストの「予型《よけい》的人物」のひとりであり、イエスはダビデがさし示していたメシヤだったからです。

そのため、旧約聖書の預言の中では、しばしば来たるべきメシヤが「ダビデ」の名でも呼ばれているのです。この「ダビデ」はイエス・キリストのことです。ユダヤ人は、来たるべきメシヤをしばしば「ダビデ」とも呼びました。

またイエス・キリストは、古代イスラエルの王ダビデの家系に生まれましたから、一般的には「ダビデの子」と呼ばれました。これはダビデの子孫の意味です。これも関係しているのかもしれません。

このように、この神社はもともとは神道の神社ではなく、じつは古代基督教の礼拝所だった、と言われているのです。

転用された聖書の物語

秦氏の周辺にはほかにも、原始基督教との深い結びつきを感じさせるものがあります。

その一つの例は、秦氏の代表的人物、秦河勝の出生にまつわる伝説です。

伝説によると、川に壺が流れてきて、それを拾ってみると、中に見目麗《みめうるわ》しい赤ん坊がおり、その後その子は宮中で育てられました。それが秦河勝であるというのです。

これは、一四〇〇年頃記された書物『風姿花伝《ふうしかでん》』に載っている秦河勝の出生伝説です。この話はまさに、旧約聖書のモーセの話を思い起こさせます。旧約聖書では、川に流れてきた籠を拾ってみると、中に見目麗しい赤ん坊がおり、それがモーセで、その後その子はエジプトの王宮で育ったとされるのです。

秦河勝は、『日本書紀』にも出てくる秦氏の代表的人物で、力ある指導者でした。ある意味では、人々にモーセを思い起こさせるような力強い人物です。そこで後世の人々が、秦河勝という人物をたたえ、モーセ伝説を借用して、このような伝説を作りだしたとも考えられます。

秦河勝が実際にそのような誕生の仕方をした、ということではありません。当時の日本においてすでに聖書の物語が知られていたので、彼にまつわる伝説に聖書の物語が取り入れられたようだ、ということなのです。

三位一体信仰を表した聖なる三脚

さらに、同じく京都・太秦の「元《もと》糺《ただす》の森」に、「蚕《かいこ》の社《やしろ》」または「木《この》島《しまに》坐《ます》天照《あまてる》御《み》魂《むすびの》神《かみ》社《やしろ》」と呼ばれている神社があります。これも秦氏が創建したものです。そこの社務所の由緒書きに、

「ここは景教（ネストリウス派基督教）が渡来し、秦氏と関連があったことの名残《なごり》をとどめる遺跡として伝えられる」

と記されています。実際そこには、全国でも珍しい「三柱鳥居《みはしらとりい》」と呼ばれる、鳥居を三つ重ねた形の、聖なる三脚鳥居があります。現在ある三柱鳥居は、比較的最近つくられたものですが、昔の資料、伝統に基づいたものとのことです。

ふつう鳥居といえば門です。しかしこの三柱鳥居は、鳥居という名前がついていても門ではありません。

秦氏がつくった木島神社の三柱鳥居。三位一体信仰を象徴するものと言われる。

それは池の真ん中に立てられている、神的な象徴です。多くの学者は、これは秦氏の信奉していた古代基督教の三位一体信仰の象徴であろう、と述べています。

というのは三柱鳥居は、三本の「柱」を立てて、それを上部で結びつけた形のものです。ここで思い出されるのは、日本神話においては神を数えるのに、「一柱《ひとはしら》の神、二柱《ふたはしら》の神……」というように「柱」と言うことです。

日本神話においては、「柱」は神を表すのです。したがって秦氏が、その日本的観念に従い、三柱をもって三位一体の神を象徴的に表したことは、十分考えられることです。あの「大秦景教流行中国碑」でも、三位一体の神は、「至誠三者」「三一妙身」として崇拝されているのです。

また三柱鳥居の立つその池は、境内《けいだい》に延びています。清水が湧くその池に、この三柱鳥居が立っているのです。

そのことから見て、明らかにそれは宗教的な意味を持った池と思われます。そこは、三位一体の神への信仰を表明する者が洗礼を受ける〝洗礼池〟となっていたであろう、とも言われています。その池は「元糺の池」と呼ばれており、「元糺」は〃元を正す〃、つまり人の元を正し、真実な宗教に生きるという、悔改《くいあらた》めと信仰の意味を込めたものなのでしょう。

この「蚕の社」（木島神社）ではまた、神社としては珍しく、「アメノミナカヌシの神」（天御中主神）を祭っていると説明されています。三柱鳥居の中心にある組石は、宇宙の中心を表し、宇宙の根元であるアメノミナカヌシの神の一座が臨在《りんざい》される場所、とされているのです。

ところが古神道では、一般の神社でアメノミナカヌシの神を祭ったりはしません。それ以外の神々――アマテラス（天照大神）その他の神々を、それぞれ祭っています。しかし秦氏の人々は、そうした多神教的な神々を祭ることを、意図的に避けたようです。

アメノミナカヌシの神は、日本の神話において一番最初に現われ出た神であり、宇宙の中心に住み、天地を主宰する神です。姿形なく、死ぬこともなく、単独の神で、最も中心的な主なる神です。

この神は、どこか聖書の教える神に似ていないでもありません。実際、神道家・平田篤胤《ひらたあつたね》の弟子、渡辺《わたなべ》重石丸《いかりまろ》（一八三九〜一九一五年）は、アメノミナカヌシの神は聖書のいう神ヤハウェであると唱えたほどです。

なぜ、秦氏の人々が、表面的にはそこをアマテラスなどの神々ではなく、アメノミナカヌシという絶対神を祭る神社としたのでしょうか。それは彼らが、アメノミナカヌシの神という名のもとに、じつは聖書のいう絶対神ヤハウェを信奉していたからではないか、と思われるわけです。

秦氏とヤハタ神信仰

つぎに、秦氏と、「ヤハタ神」（八幡神）信仰との関係について見てみましょう。

ヤハタ神の起源は、多くの場合、謎に包まれていると言われていますが、秦氏との関係が指摘されています。

日本全国の神社の数は、約一二万もあると聞きます。中でも最も多いのが、八幡《はちまん》さんで、五万社近くあります。つぎに多いのが稲荷《いなり》神社、天満宮《てんまんぐう》、また伊勢神宮の分社……の順になっています。

「はちまん」という呼び名は、漢字が輸入されて漢字を当てはめたのち、それを読み替えたものです。それ以前は「はちまん」ではなく、「ヤハタ」または「ヤハダの神」（矢羽田、綾幡《あやはだ》）と言われていました。

その起源は、九州大分県、宇佐の地にあります。そこには今も「宇佐八幡宮《うさはちまんぐう》」があります（八世紀建立）。かって仏教の僧侶である道鏡《どうきょう》という人が、天皇の地位を奪おうとしたことがありました。そのとき、和気清麻呂《わけのきよまろ》が宇佐八幡の神託《しんたく》を乞うて、その陰謀を阻止した話は有名です（七六五年）。

この宇佐の地方（綾幡郷）は、昔、秦氏一族の最も古い居住地でした。学者は、中国の随書に記された「秦王国」は、この宇佐の地方のことと推定しています。その原始ヤハダ信仰を担っていたのは「辛嶋氏《からしまし》」で、彼らは秦氏の一支族でした。

ヤハダ神は、秦氏の信奉していた神でした。またヤハダ神は、古くから他の一般の人々の信仰も集めました。源頼信《みなもとのよりのぶ》（九六八〜一〇四八年）など、清和源氏《せいわげんじ》はヤハダ神を氏神《うじがみ》としました。

興味深いことに、清和源氏系の小宮氏、曲渕氏等が古くから用いていた家紋は「カゴメ紋」で、ユダヤのダビデの星とまったく同じ形です。

ある学者は、「ヤハダ」とはもともと「ユダヤ」を表すアラム語「ヤェフダー」（ヘブル語も同じ）ではなかったか、つまり「ヤハダの神」とはもともと「ユダヤの神」の意味ではなかったか、と述べています。

また民族学の大家・柳田国男《やなぎたくにお》氏は、

「宇佐の大神も、……大隅正八幡の古伝によれば、同じく告知によって受胎した一人の童貞《どうてい》の女（すなわち処女）であった」

と書いています。さらにこれが「イスラエルの古びた教え」と無関係でないことを認めています（『新なる太陽』九〜一一ページ）。つまり、そこに聖書の処女降誕の物語が混入したようだ、というのです。

八幡神社はまた、お神輿《みこし》の発明者と言われています。七四九年に宇佐八幡神のお神輿が上京したとあるのが、記録上の初見です。お神輿は、ユダヤの「契約の箱」に似ており、ユダヤ的発想と考えられます。

一方、八六〇年に京都に造られた「石清水八幡宮《いわしみずはちまんぐう》」も非常に古い神社です。興味深いことに、石清水八幡宮に伝わる説話には、聖書の物語にそっくりのものがあります。

それは、源頼義《みなもとのよりよし》が奥州合戦の際に、水がなくて兵士たちが苦しんだので、石清水八幡に祈って岩を突きました。すると、そこから清水が湧きだしたという話です。

一方、聖書には、イスラエル人が荒野で水がなくて苦しんだとき、モーセが神に祈って岩を突いたと書かれています。すると、そこから清水が湧きだしたと（出エジプト記一七・一〜七）。この聖書の話にそっ

石清水八幡宮の「菖蒲革」。十字架が認められる。

くりな伝説が、なぜ古くから石清水八幡宮に伝わっているのでしょうか。

ある学者は、源頼義が岩を突いて清水を湧き出させたという話は、石清水八幡宮の神官がつくり出したのではないか、と述べています。その際に、聖書の物語を借用したのではないかというのです。

さらに興味深いことに、石清水八幡宮では昔から、「菖蒲《しょうぶ》革《かわ》」と呼ばれるものをつくっていますが、それに十字架模様がはっきりと認められます。

これはなめし革に、菖蒲の葉の模様を白く染め出したものです。その模様に、十字架の染め出しがはっきり認められるのです。これは石清水八幡宮の神官と、景教との関係を物語るものではないかと、指摘されています。

また八幡信仰の始まりは、宇佐の北方、大貞（大幡）にある薦《こも》神社の御澄池《みすみ》に伝わる伝説です。大昔、その池に、八幡の神様が現われたという伝説があります。清く澄んだ湖水の中から「美しく幼い男児」が姿を現わし、岸辺に茂る「薦草《こもぐさ》」（パピルスの一種）に立ち、

「われこそはヤハタの神である。わがために薦草で方舟《はこぶね》の枕を作り、御神体とせよ」

と告げて、湖岸の影向石《ようこうせき》に神影を映したというのです。この「美しく幼い男児」といい、「薦草」といい、「方舟の枕」といい、かつて美しく幼い男児モーセが、ナイル川の岸辺の葦《あし》の中に葦草《パピルス》で作った小さな方舟に寝かせられていた

という、聖書の記事を思い起こさずにはいられません（出エジプト記二一・一〜三）。

もちろん、細かい所に違いはあります。しかし、こうした伝説が生まれる背景には、八幡の人々が聖書やモーセの話に親しんでいた事実があるように思えてなりません。発想のベースに、聖書の物語があるように感じられるのです。

また八幡神社では古来、鳩は八幡神の「使い」、また「神変《しんぺん》」（神の霊妙な変化）と考えられて神聖視されました。これは聖書において、鳩が、神の霊である「聖霊」のシンボルとされて一種の「神変」であることによく似ています。ここにも、ユダヤ的基督教の信奉者であった秦氏の信仰が偲ばれます。

伊勢神宮の創建にも秦氏との深いつながり

秦氏の信奉していた「基督教《キリスト》」は、西アジアから中央アジアを経て伝えられた東方基督教です。ですから、彼らの信仰をカトリックやプロテスタント等と同次元に考えると、わからなくなってしまいます。彼らは基督教信仰に立ちながらも、その土地の風習や伝統、為政者を大切にした人々でした。

秦氏は、日本における数多くの神社の起源にも、かかわっています。「伊勢神宮」といえば、日本のすべての神社の頂点に立つ神社ですが、その伊勢神宮の創建にさえ、秦氏が深くかかわっていました。

伊勢神宮では、よく知られているように、二〇年ごとに「式年遷宮《しきねんせんぐう》」が行なわれます。「式年」とは一定期間のこと、「遷宮」は宮を移すことです。定期的に古い社殿を解体し、新しい社殿に引っ越すわけです。これは今から約一三〇〇年も前から続けられている儀式。このような社殿の引っ越しを定期的に行なうところは、世界広しといえども、伊勢神宮だけでしょう。

しかし、じつはこの二〇年ごとの「式年遷宮」が制定される前から、伊勢神宮は遷宮、つまり神社の引っ越しを繰り返していたのです。二〇年ごとではありませんが、あちこちに移動していたのです。

はじめ「笠縫邑《かさぬいのむら》」（倭国《やまとのくに》）の地に始まり、吉備国《きびのくに》や尾張《おわり》、丹波《たんば》地方に至るまで、何度も移動しています。近畿地方とその周辺を、じつに二六ヶ所、志摩国《しまのくに》の「伊雑宮《いざわのみや》」を二七番目と数えると計二七ヶ所も移動したのです（別の説では計一四ヶ所）。

こうして今の伊勢神宮に落ち着きました。

これらの遷宮地には神社が立ち、それらは「元伊勢」の名前で呼ばれています。そしてこれらの遷宮には、いずれも秦氏が深くかかわっていた事実を、飛鳥昭雄《あすかあきお》・三神《みかみ》たける共著『失われた契約の聖櫃「アーク」の謎』（学研刊）が論証しています。

この本によれば、たとえば元伊勢第一号は、倭国（今の奈良盆地一帯）の「笠縫邑」でした。これが実際にどこであったかは、学者の間でも意見が分かれていますが、有力視されている所が四つあります。それらは笠縫神社、多《おお》神社、穴師坐大兵主《あなしにますおおひょうず》神社（巻向坐若御魂神社）、檜原《ひばら》神社（大神《おおみわ》神社）です。

はじめの笠縫神社は、「秦楽寺《じんらくじ》」の境内にあり、これは秦氏の氏寺《うじでら》でした。今も寄進者リストには、秦という姓の者が多くいます。この辺一帯は「秦庄《はたのしょう》」と呼ばれる地で、もともと秦氏の町だったのです。

「多神社」「穴師坐大兵主神社」も、秦氏に深くかかわりがあることを、この本は述べています。

また四つ目の「檜原神社」にはまた、「三輪《みわ》鳥居」と呼ばれる、三つの鳥居を合体させた特殊な鳥居があります。京都の太秦の秦氏創建の「蚕の社」には、三つの鳥居が立体的に合体した「三柱鳥居」があると先に述べましたが、檜原神社のは、それを平面的に三つ合体させた形になっています。この鳥居を三つ重ねるというのは、秦氏特有のものです。

檜原神社は、今は「大神《おおみわ》神社」の摂社《せっしゃ》（本社に属する小社）です。大神神社は、日本で最も古い神社の一つ。本来は、三輪鳥居が立っているだけの神社でした。

先に、「川に壺が流れてきて、拾い上げてみると可愛い男の子がいて、彼は宮中で育てられ、のちに秦河勝と名のった」という伝説を紹介しました。この壺の流れ着いた所が、じつは大神神社（三輪神社）だった、ということになっています。このことからも、大神神社が秦氏と深く関係していたことがわかります。

ほかにも大神神社に伝わる伝説には、秦氏創建の「賀茂《かも》神社」（上賀茂神社と下鴨神社）の伝説、また、同じく秦氏創建の「松尾大社」の伝説とまったく同じ型のものが伝わっています。つまり、大神神社そのものに秦氏が深く関係していたことは、どうも間違いがないようなのです。

このように、元伊勢の①「笠縫邑」として有力視される四つの地はいずれも、秦氏と深くかかわっていました。

元伊勢はそののち、②吉佐宮《よさのみや》（丹波国）、③伊豆加志本宮《いつかしのもとのみや》（倭国）、④奈久佐浜宮《なぐさはまのみや》（木乃国）……と移動し、二六番目の五十鈴宮《いすずのみや》（伊勢国）、また二七番目の伊雑宮（志摩国）にまで行きます。これらの地も調べてみると、やはり秦氏と深いかかわりがあったことがわかります。

伊勢という地も、秦氏の人々がよく出入りしている所でした。『日本書紀』には、欽明《きんめい》天皇（第二九代の時代に、秦氏に属する秦大津父《はたのおおつち》という人物が商売で伊勢に行った、という話が載っています。

秦氏は手広く商売を行ない、莫大な富を築いた人々でした。この話は、伊勢との交易が彼らにとって重要だったことを示しています。それだけの商売をするには、伊勢の地にも、秦氏の一大拠点があったと見るのが自然でしょう。

伊勢神宮にはまた、「内宮《ないくう》」と「外宮《げくう》」があります。「内宮」の神官は「荒木田氏《あらきだ》」、外宮は「度会氏《わたらい》」が担当しています。しかし昔は、内宮も外宮も、神官は共に度会氏でした。

「度会」は「渡来」とも表記することがあります。これは彼らが渡来人《とらいじん》であったから、とする研究家もいます。そして度会氏の祖は「大若子命《おおわくごのみこと》」とされますが、この大若子命にはもう一つの名前があり、「大幡《おおはた》主命《ぬしのみこと》」と言います。

この「大幡」は、八幡《やはた》の「幡」が秦を意味するのと同じく、もともと「大秦」ではないか、と言われます。事実、秦氏が住んでいた所には、大幡村（武蔵国由井郷）、大幡郷（常陸国新治郡、茨城郡）など、「大幡」の名がつく地名が存在します。

つまり、伊勢神宮の神官「度会氏」の祖「大幡主命」は、もともと「大秦主命」だったと思われるわけです。このように伊勢神宮の創建にも、秦氏が深く関与していたことがわかります。

伊勢神宮の警備の仕方で驚愕したラビ

ここで、ラビ・トケイヤーが講演会で語ったある逸話をご紹介したいと思います。彼の『日本・ユダヤ封印の古代史』にも少し紹介されていますが、これはもっと詳しく語ったものです。

「かつてイスラエルの主席ラビ（シュロモ・ゴレン）が日本にやって来たとき、彼は、日本の神道について学んでみたいと言い始めました。それで私（トケイヤー）は、彼を国学院大学に連れていったのです。神道系の大学です。主席ラビはそこで、しばらく聴講生として学びました。教室で私も一緒に授業を聞きました。そのとき彼は、神道の先生に質問をしました。

『日本で一番大切とされている神社があると思いますが、その神社において、警備はどのようにしていますか。パトロールはどこから始めて、どのようなルートでするのか。また警備員の人数、交代の仕方、交代の回数、何時間おきにするとか、何時頃するとか、どちらの方角から出てくるとか、などです。交代の儀式はどのようなものでしょうか。そうしたことを教えていただけますか』

私は、主席ラビが何故こんな質問をするのか、わかりませんでした。それに対する回答がどのようなものかも、またそれが何を意味するのかもわからなかったのです。

主席ラビの質問を受けて、神道の先生は、非常に詳しく説明し始めました。主席ラビは回答を聞きながら、注意深く、しばらくノートをとっていました。しかし、やがて主席ラビの顔は青くなり、ばったりとペンの動きを止めてしまったのです。彼は私を見て言いました。

『君は、この神道の先生が言っていることの重要性がわかるかね』

私は当時まだ新米のラビでしたし、聞いた内容も初めてのことで、さっぱりわかりませんでした。主席ラビは私にこう言ったのです。

『君は、二〇〇〇年前までエルサレムの神殿で行なわれていた警備の仕方がどのようなものであったか、知っているかね』

『いいえ、知りません。それについては学んだことすらありません』

『では、ミシュナ（古代ユダヤの律法学者の口伝《くでん》・解説を集めたタルムードの本文）を読みたまえ。そこには、二〇〇〇年前までエルサレムの神殿でなされていた警備の仕方が書いてある。

警備員のパトロールの仕方、交代の仕方、交代の儀式、人数など、詳しいことだ。それを読めば、今この日本の神道の先生が言った警備の仕方とまったく同じだということが、わかるだろう』

これは驚くべき、日本の社会とユダヤの社会とのつながりです。現代も生き続ける神道の風習と、古代ユダヤとを結びつける関連性なのです。私たちはこの歴史の謎を、解かなければなりません」

ここで神道の先生が警備の仕方について語った神社とは、伊勢神宮のことです。

秦氏と稲荷神社

秦氏はまた、全国に数多くある「稲荷神社《いなり》」の創建にもかかわりました。宗教法人で、全国の神社本庁所属の神社の約四割は、稲荷神社です。

稲荷神社の頂点に立つのは伏見《ふしみ》稲荷大社で、京都にあります。この伏見稲荷大社は、秦氏の首領・秦《はたの》公伊呂具《きみいろぐ》が創建したものです。

稲荷神社というと、朱色の鳥居や旗が特徴です。入口にある狛犬《こまいぬ》も、ふつうの神社のは獅子《しし》なのに、稲荷神社のはキツネになっています。しかし本来、稲荷神社とキツネは無関係なのです。

仏教系の稲荷信仰、つまりダキニ信仰（荼枳尼天《だきにてん》）のキツネが入って、稲荷神社にキツネが置かれるようになりました。つまり、昔の稲荷神社はもっと違った形のものでした。それはもともと、秦氏の信奉する宗教の流れを汲むものだったのです。

イナリは、今はふつう「稲荷」と書きますが、元来は「伊奈利」と書きました。しかし、これは「イナリ」という音に当てはめられた「万葉がな」にすぎません。漢字自体に意味はないのです。漢字が日本に輸入される以前から、イナリという音がありました。

私の友人は、このイナリというのは、十字架のキリストの頭上に掲げられた言葉「ＩＮＲＩ」（ユダヤ人の王ナザレのイエス）から来たのではないか、と述べています。実際、日本の八世紀の遺物からも、Ｉ

NRIと同じJNRIの文字、および景教の十字架が見いだされています（『日本・ユダヤ封印の古代史』二五一ページ）。

また古代史家の三神たける氏は、イナリ神社の祭神についてこう述べています。

「稲荷大神とは、正式には『宇迦之御魂大神《うかのみたま》』という名前です。注目すべきはこの『宇迦』という言葉で、これに接頭語（美称）である「豊」を付けると、『豊宇迦《とようか》』となります。

神道において、宇迦＝ウカとは食物の意味で、ウケと同じ言葉です。よって『豊ウカ』は『豊ウケ』となります。『豊ウケ』とは、伊勢神宮の外宮の祭神『豊受大神』のことです。

しかも、伊勢神道において、豊受大神は『天之御中主神《あめのみなかぬしのかみ》』と同一神とされます。天之御中主神とは、古事記において原初に出現した神であり、神道の絶対神であると言われます。秦氏が創建した、京都・太秦の三柱鳥居のある『蚕の社』の祭神も、天之御中主神です。

さらに、豊受大神が伊勢の外宮に移る以前、この神は丹後の籠《この》神社で祭られていました。その籠神社の宮司《ぐうじ》は、はっきりと言いました。豊受大神はイスラエルの神であると。稲荷大神はもともと絶対神ヤハウエであり、イエス・キリストだったのでしょう」

伊勢神宮の祭神も、稲荷大神も、もとはといえば秦氏の信じた神、つまり聖書の教える神だったというのです。

秦氏と日本神道

さらに、他の神社の多くも秦氏と関係しています。

松尾《まつのお》神社の総本山である「松尾大社」を創建したのは、秦都理《はたのとり》でした。また松尾大明神を主祭神とするのは、「日吉《ひよし》大社」です。同じく京都にある「月読《つくよみ》神社」も秦氏の創建によります。

コンピラさんで有名な「金刀比羅宮《ことひらぐう》」は、元の名を「旗宮《はたのみや》」すなわち「秦宮」と言いました。また、全国の「白山《はくさん》神社」や「愛宕《あたご》神社」の信仰の対象である白山や愛宕山を開いたのは、秦泰澄《はたのたいちょう》です。

要するに、日本の神社の大半は、その創建に秦氏が深く関与していたのです。

今の神社を見れば、多神教となっていますし、神道の神話にも様々な要素が混ざっています。しかしそれは長い時代の中で、様々なものが混入し、習合した結果です。道教的なものもかなり混ざっています。しかし、そうした不純物を取り除き、もっとオリジナルな姿を探っていくならば、そこに秦氏の信奉した宗教の姿が見えてきます。

秦氏はもともと古代基督教徒でした。彼らの創建した神社は、もともと彼らの神を礼拝するための礼拝所だったのです。神社はもともと教会でした。

神社の構造、すなわち拝殿と本殿からなること、禊《みそ》ぎのための手水舎《てみずや》があること、そのほか神社にまつわる様々なことは、古代イスラエルの「幕屋《まくや》」によく似ています。また日本神道には、古代イスラエル宗教によく似た風習が数多く伝わっています。ですからユダヤ的な古代基督教の信奉者であった秦氏にとって、神社は、彼らの礼拝所として最も適切な形態だったのでしょう。

古代イスラエル人は、移動式の神殿であった「幕屋」を持ち、様々な地に遷宮を繰り返しました。伊勢神宮の遷宮は、その伝統を大切にした秦氏の信仰から来ているのではないでしょうか。

つまり古代基督教を信奉していた秦氏は、イスラエル宗教の古い伝統をも尊重しつつ、かつ日本的風土の信仰を模索していたのでしょう。多神教になったり、様々な渡来人の神話を取り入れるようになったのは、その後の時代における変質なのです。

秦氏はまた、酒造りでも有名です。

酒は、昔から神社では欠かせないものでした。神社では「神酒《みき》」が捧げられたのです。秦氏にかかわりの深い松尾大社、大神神社などはとくに、昔から酒造りにかかわる信仰を集めてきました。

五世紀に秦酒公《はたのさけのきみ》は、酒造技術者として日本酒製造の技術を発展させ、また育成しました。日本酒の基礎をつくったのはじつは秦氏であったと、平凡社の『世界大百科事典』(「清酒」の項)にもあります。

酒は、古代イスラエルでも神殿において欠かせないものでした。たとえば聖書に、

「注ぎのささげ物として、ぶどう酒三分の一ヒンを主へのなだめのかおりとして、ささげなければならない」(民数記一五・七)

と記されています。もちろん、民衆の間での酒の飲みすぎは禁止されましたし、神殿において人が酩酊《めいてい》状態で仕えることなどはもってのほかでしたが、酒を捧げ物として神殿に捧げる風習が古代イスラエルにはあったのです。古代イスラエルの伝統をくんだ礼拝においては、酒を欠かしてはなりませんでした。

ですから日本に来た秦氏は、日本にぶどうがなかったので、別のタイプの酒造りを考えたようです。それが日本酒でした。そして彼らはそれを、自分たちが創建した神社での捧げ物として用いました。ここにも、秦氏がユダヤ的基督教の信奉者であったことを、見てとることができます。

秦氏以外に日本神道をつくった人々

このように、現在日本にある神社は、その大半の創建に秦氏がかかわっていました。しかし、日本神道そのものをつくったのは秦氏だったかというと、そうとは言えないでしょう。

秦氏が日本に来る以前から、神道の原型が日本にあったように思えます。

聖徳太子《しょうとくたいし》の時代に、「物部氏《もののべ》」は神道信仰に立って、仏教派の蘇我《そが》氏と戦いました。この物部氏は、古代きっての名族です。『日本書紀』によれば、物部氏は天皇家と同じ天神族《あまつかみぞく》とされ、天皇家よりもさらに古い由来を持つと言います。古くから大きな勢力を誇った氏族でした。

物部氏の起源は神話の霧に包まれて、真実がよく見えません。しかし非常に古い時代から、神道の信仰に立っていたようです。

またラビ・トケイヤーは、その著『日本・ユダヤ封印の古代史』の中で、長野県の「諏訪大社《すわたいしゃ》」のことを書いています（一三一ページ～）。諏訪大社が秦氏と関係があったかどうかは不明ですが、諏訪大社では古来、聖書・創世記二二章のイサクの出来事が祭になって伝えられていたのです。

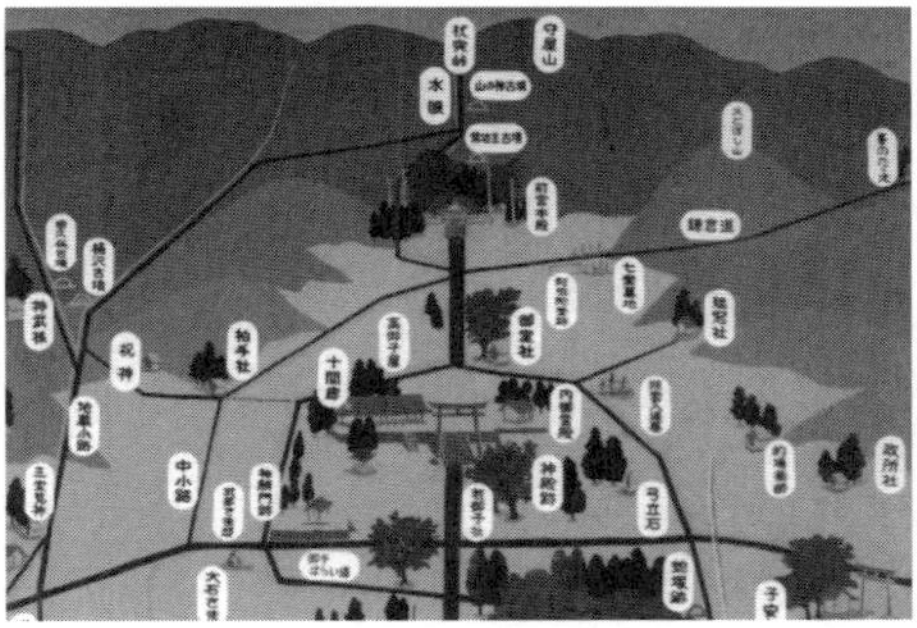

諏訪大社前宮の案内板、守屋山に臨み、モリヤの神を拝むように神社が建てられていることがわかる。

諏訪大社本宮の硯石。その向こうが守屋山である。「大祝」とよばれる大祭司が年に一度門を通って入り、ここで儀式を執り行なう。

諏訪大社前宮の鳥居と十間廊。この奥に本殿と、ご神体山である「守屋山」がある。

この記事を読んだある人は、「あまりに出来すぎていて、にわかには信じられない」と私に言いました。しかし私自身、諏訪大社に実際に出向いて、その記事の真実性を確認しました。

諏訪大社における〝イサクの祭〟については、清川理一郎《きよかわりいちろう》氏が『諏訪神社　謎の古代史』（彩流社刊）の中に詳しく書いています。その清川氏と共にまわることができたことも、大きな収穫でした。

諏訪大社は四つの宮から成り、イサクの祭はそのうち前宮《まえみや》と本宮《ほんみや》に関係しています。前宮と本宮は、ともに「モリヤ山」（守屋山）のふもとにあります。諏訪大社はモリヤ山を「ご神体山」とし、「モリヤの神」（洩矢神または守矢神と書く）を礼拝するために建てられた神社です。このモリヤ山は標高一六三一メートル。頂上からは三六〇度のパノラマが見える、思ったより高い山でした。

聖書によれば、かつてアブラハムがイサクを捧げようとした場所の名前が「モリヤの山」でした。それは今のエルサレムです。いわゆるエルサレムの「神殿の丘」（テンプル・マウント）です。またユダヤ教で「モリヤの神」と言ったら、聖書の教える神にほかなりません。

その「モリヤ」と同じ名前の山が日本にあり、さらにはそのふもとの神社で、昔から〝イサクの祭〟が行なわれていたのです。

少年が「御贄柱《おにえばしら》」と呼ばれる柱にしばりつけられ、神官がナイフを振り下ろし、その柱の頭部に傷をつけます。しかしそのとき、もうひとりの神官が現われて騒ぎ立てると、その少年は解放される。そういう祭が、明治時代初頭まで行なわれていました。

それはまさに、聖書・創世記二二章のアブラハムによるイサク奉献の出来事の絵です。

この〝イサクの祭〟を、現地の人は「ミサクチの祭」、あるいは少し濁って「ミシャグチの祭」と呼んでいます。「ミサクチ」は御《ミ》・イサク・チで、イサクの名前が入っているように見受けられます。

このミサクチの祭を古くから主宰してきたのは、モリヤ家（守矢家）であり、現在のご当主は七八代目だそうです。現在から七八代さかのぼると、時代はいつ頃になるでしょうか。天皇家の系図から類推すると、現在の天皇は第一二五代ですから、それから七八代さかのぼるとだいたい八世紀、聖武《しょうむ》天皇の頃になります。

ではモリヤの神への信仰や、イサクの祭は、その頃から始まったのでしょうか。私はこれを、諏訪大社のすぐ近くにある「神長《じんちょう》守矢史料館」の館長に伺ってみました。すると、原型はそれよりさらに以前からこの地にあったようだ、とのことでした。

おそらく縄文時代末期、つまり紀元前数百年といった時代からあったのではないか、とのお答えだったのです。実際、諏訪の地では縄文時代のものがたくさん出土しており、早くからこの地に人が住んでいたことを示しています。「モリヤ」「ミサクチ」という名前も、漢字輸入以前からあったとのことでした。

諏訪大社前宮に行ってみると、そこには、イサクの祭（御頭祭《おんとうさい》）のときに鹿の生け贄を捧げ、また縛られた子どもが置かれた「十間廊《じゅっけんろう》」という建物が今もあります。これがサイズといい、形といい、どうもイスラエルの幕屋を思い起こさせます。その隣には、「神子屋跡《みこや》」があります。

諏訪大社本宮では、少年がしばりつけられたその「御贄柱」を見ることができます。一方「神長守矢史料館」では、神官が持っていたナイフや、祭で捧げられた鹿の犠牲の剝製、その他を展示しています。

また諏訪大社本宮には、「硯石《すずりいし》」と呼ばれている巨大な自然石が、モリヤ山のふもとに置かれています。

そこで、モリヤの神への礼拝が行なわれるようになっています。

聖書を見ると、古代イスラエルの王サウルは、「大きな石をころがしてきて」それを祭壇となし、神を拝したと記されています（Iサムエル記一四・三三）。諏訪大社本宮のその大きな自然石は、まさにそういうスタイルです。

またその自然石の祭壇のところに、年に一回「大祝《おおほうり》」と呼ばれる大祭司のような人が入っていって、儀式を行ないます。これも、古代イスラエルの風習によく似ています。

諏訪大社にはまた、他の神社にはない特徴があります。それは各宮の四隅に立てられた「御柱《おんばしら》」です。これは山で切り出した巨木を立て、その枝と表皮をみな落とした白木の柱です。この柱を切り出すときの祭が、有名な「御柱祭」です。

じつはイスラエル十部族の捕囚地となったアッシリヤでは、「アシラ」（Asherah）信仰が盛んでした。アシラとは、アシュタロテと並ぶ中近東の女神、偶像神です。それは人間の女性のような像に刻まれることもありましたが、シンプルな「聖木」「御柱」として立てられることもありました。

アッシリヤでは、石の柱は男性神を表し、木の柱は女性神を表していました。木の柱は、長い期間はもちませんから、考古学的遺物としては残りにくいものです。それでも、中東のアイという古代都市において、早期青銅器時代の聖所跡の二つの香壇の間から、炭化した聖木の一部が発見されました。それは枝を切り落とした木の柱でした。

これが「アシラ」と呼ばれた御柱です。聖書には、

「ヤハウェの祭壇のそばに、どんな木のアシラをも立ててはならない」（申命記一六・二一　直訳）

と書かれていて、この御柱の風習が禁止されています。しかし、中近東の異教の風習の影響を受けたイ

スラエルの十部族の間では、この風習が盛んだったのです。またこの「アシラ」が、日本語の「ハシラ」（柱）の由来になったと考える人もいます。

じつは諏訪大社の「御柱祭」は、ほとんど同じものがネパールにも伝わっています。しかし、『日本・ユダヤ封印の古代史』に記されているように、イスラエル十部族はシルクロードを通って東へ進み、ネパール付近も通っています。ですからネパールの御柱祭も、イスラエル十部族に関係している可能性があるでしょう。

クリミア半島から東に向かったイスラエルの失われた部族

さて秦氏のことですが、今まで彼らはユダヤ的基督教を信じる人々であったと述べてきましたが、人種的にどういう人たちであったかについては、とくにふれませんでした。

人種的には謎があります。秦氏はユダヤ人、イスラエル人であったという説もありますが、単にユダヤ的基督教の文化を持つ異邦人だった、という説もあります。つまり、中央アジアのモンゴロイド系遊牧民族だったとか、トルコ・タタール系遊牧民族だったとかいう説です。中央アジアには様々の民族がいたので、特定するのは難しいのです。

ただ、これについて一つ興味深いのは、一九三二年にカナダのヴァンクーヴァーで、E・オドルム教授という人が出版した『日本人とは誰か』という小冊子です。その写しが、海外の友人から私のもとに送られてきました。

その小冊子においてオドルム教授は、一九世紀に黒海北岸のクリミア半島で、古代イスラエル人の墓が多数発見されたことを述べています。その墓碑銘はヘブル語で記されており、たとえばある墓は、ルベン族に属するイスラエル人のものです。

その墓碑銘をユダヤ人が英語に訳してくれたそうなのですが、それによると、イスラエル十部族の人々はアッシリヤ捕囚の後、一部は東に、一部は北に向い、北に向かった人々はクリミア半島にやって来て、しばらく住んでいたとのことです。クリミア半島はしばらく、ガド族、ルベン族、またマナセの半部族に占領されていたといいます。

これらの部族はいずれも、いわゆる「イスラエルの失われた十部族」に属する人たちです。そののち彼らガド族、ルベン族、マナセの半部族のうちの多くが、東への移動を開始。遠く中国の方へ向かったと、墓碑銘に書かれているというのです。

シルクロードの地図を開いてみるとわかりますが、このクリミア半島を通る道は、シルクロードの北方ルート（草原ルート　一二七ページ参照）です。それを通ると、カスピ海とアラル海の北側をわたり、カザフ共和国の南部に出ます。そこは秦氏の故郷――弓月のあったあたりです。

つまり、彼らと秦氏が関係があった可能性もあることになります。

さらに、その地から進むなら、天山山脈を東端で越えて中国領に入り、敦煌などの都市を経て西安、また朝鮮半島、日本へ行くことができます。オドルム教授は、ガド族、ルベン族、マナセの半部族は、日本にまで行ったようだと述べています。

オドルム教授は、明治時代の日本に何年も住んだことがあります。彼は、日本人が中国人や韓国人とは非常に違う人々であることにまず驚いたといいます。

また、日本神道とユダヤ教の風習が非常によく似ていることを述べています。神社の本殿に偶像がないこと、日本人がユダヤ人の「種なしパン《マッア》」に似たモチを食べること、さらに諏訪のモリヤの山のふもとでは〝イサクの祭〟が行なわれていることなどもあげています。

第7章

日本に入った景教

ケン・ジョセフ
久保　有政

日本にやって来た景教徒

原始基督教徒・秦氏が日本に来たのち、景教徒たちも早くから日本に入って来ました。そして秦氏の信仰は景教と融合したようです。その信仰は本質的に同じだったからです。

日本に来た景教徒に関する最初の公式記録は、『続日本紀《しょくにほんぎ》』（八世紀）にあります。ただし、これは景教徒が日本の朝廷を公式訪問した記録として最初のものであって、それ以前にも景教徒が日本に来ていたと考えるべき理由も少なくありません。

いずれにしても西暦七三六年六月、景教徒であり医者でもあった「李密翳《りみつえい》」（李密医《りみつい》）というペルシャ人が、日本にやって来たと記録にあります。また彼と一緒に、「皇甫《こうほ》」という景教の教会の高位の人物と思われる人もやって来ました。

またその一一月には、彼は天皇から位を授けられています。滞在六ヶ月にして位を授けられているところをみると、皇室とこのペルシャ人景教徒・李密翳らとの間には深い関係が出来たもののようです。

李密翳は宣教師でしたから、皇族に対し基督教の伝道をしたようです。実際、以後宮中の記録に、それまでに見あたらない「景福《けいふく》」という景教用語が散見されるようになります。七四一年（天平一三年）の「国分寺建立の詔《みことのり》」の一節にも、

「あまねく景福を求め……」

とあります。「景福」は「大いなる幸福」あるいは「景教的幸福」を意味し、「大秦景教流行中国碑」にも見られる景教用語なのです。

李密翳が日本に来たときの天皇は、「聖武《しょうむ》天皇」（七〇一～七五六年）であり、その妃は「光明皇后《こうみょうこうごう》」（七〇一～七六〇年）といいました。

光明皇后は、景教の宣教師・李密翳との出会いの後、貧しい人々のために病院を建てたり（療病院《りょうびょういん》）、無料で薬を恵んだり（施薬院《せやくいん》）、孤児院をつくって孤児たちを養ったり（悲田院《ひでんいん》）という、たいへん慈悲深いことを数多く行なうようになりました。

奈良の法華寺には、光明皇后が患者の膿《うみ》を吸って吐き出したという浴室が残されています。彼女自身、看護婦として働いたのです。ナイチンゲールやマザー・テレサのしたようなことを、今から一二五〇年も前の日本人が行なっていたのです。この光明皇后は仏教信者であったと、一般には説明されています。

ところが、彼女の「諡《おくりな》」（生前の行跡に基づいて死後に贈られた名）である「光明」は、景教用語です。景教の「景」も光明の意味です。

また、貧しい人や病人、孤児たちを助けるというのは、昔から景教徒たちが盛んに行なってきたことでした。シルクロードのどこでも、景教徒たちは光明皇后のようなことをしていたのです。一方、こうした慈善や福祉活動は、当時の仏教徒が行なっていないことでした。当時の仏教は国家安泰・鎮護のための宗教だったからです。

光明皇后は李密翳の景教の影響を多大に受けた、と言われています。光明皇后は実際には景教徒だった、と言う人もいます。そして光明皇后の信仰は、夫である天皇にも深い影響を与えたようです。

光明皇后の夫、聖武天皇は、「奈良の大仏」で有名なあの「東大寺」を建てた人として有名です。しかし、カトリックの司祭で「ザビエル以前の日本の基督教史」を研究したマリオ・マレガは、東大寺二月堂の「お水取り行法」の中に、景教の儀式に類似したものがあることを指摘しています（マリオ・マレガ「修二会の行法と西アジア原始キリスト教の儀式」『お水取り』昭和四三年、三彩社刊）。

この「お水取り」というのは、古くから伝わる盛大な行事です。そのとき僧侶による幾種類もの声明《しょうみょう》（声楽曲）がありますが、その中にユダヤ・基督教的讃歌に似たものがあります。川瀬勇《かわせいさむ》氏は、東大寺の「お水取り」の行事を実際に見て、著書の中にこう書いています。

「私の失礼な言葉をお許し願いたいのですが、一般の仏教には、やや抹香臭《まっこうくさ》いといいますか、暗さや陰鬱《いんうつ》さが伴うものですが、それらの感じが少ない御声明です。そして驚くなかれ、そのメロディには、古いユダヤ教の讃歌やグレゴリアン・チャント（グレゴリア聖歌）に似たものがあるので、私はド肝を奪われる思いをしたのです」（『新訂日本民族秘史』川瀬コーポレーション刊）

この「古いユダヤ教の讃歌やグレゴリアン・チャントに似たもの」は、実際には景教の讃歌でしょう。景教徒たちは、教会でそうした讃歌を歌っていたのです。景教の讃歌の様子は空海の真言密教の法要にも少なからず影響を与えた、と言う人もいます。

この「お水取り」の行事、すなわち「修二会《しゅにえ》」は、人間が日頃犯している数多くの過ちを御本尊の前に懺悔《ざんげ》し、罪障《ざいしょう》の消滅を願い、身をきよめ、もろもろの祈願をこめるという「悔過《けか》」の法要です。これは基督教でいう「悔改《くいあらため》」と同じ概念です。

聖武天皇はまた、各地に「国分尼寺《こくぶんにじ》」というものもつくりました。これは別名「滅罪《めつざい》の寺」と呼ばれています。こうした「罪」の概念や「悔過」などは、もちろん本来の仏教的概念ではありません。これらは景教から来たものと言われています。

東大寺の「お水取り」の法要ではまた、天下泰平《たいへい》、五穀豊穣《ごこくほうじょう》、万民快楽を祈ります。鬼籍簿をひもといて、お寺にゆかりのある人々の名をすべて読み上げていきます。聖武天皇に始まり、果てはこの世の片隅におかれた一般庶民の名まで、貴賤《きせん》の別なくすべての人の名を呼びつつ、その幸せを祈ります。

これと同じことは、聖武天皇が全国につくった「国分寺」でも行なわれました。「国分寺」は天下泰平、五穀豊穣、万民快楽を、全国各地で祈るようにした官寺《かんじ》です。各地の国分寺で、人々の名を読み上げつつ、幸せを祈ったのです。

ところが、これはもともと中国の景教徒たちが行なっていたことでした。景教徒は各地に一種の「国分寺」、すなわち官寺を持ち、天下泰平、五穀豊穣、万民快楽を祈ったのです。そこで彼らは、皇帝から庶民に至るまで、寺に関係あるすべての人の名を読み上げつつ、その幸せを祈ることをしていました。東大寺や国分寺の法要は、その風習を見習ったものなのです。

また東大寺の修二会では、僧侶が踊りのようなことをします。

「踊りのような所作をしますが、その中の一人が中腰になって、ピョンピョンと足を蹴り上げる所作を繰り返します。私はこれを見て、また転倒せんばかりの驚きです。というのは、これは僧侶の踊りでまことに下手ですが、コサック・ダンスではありませんか」

と川瀬勇氏は書いています。たしかに、普通の仏教ではこのような踊りはしません。しかし、ユダヤ的基督教徒であった景教徒の間では、よく踊りがなされました。

たとえば、現代のユダヤ的基督教徒であるメシヤニック・ジューの集会などに行ってみても、必ずと言っていいほど踊りが登場します。その踊りを「コサック・ダンスに似ている」と言えば、そのようにも言えるでしょう。そのような楽しい活動的な踊りです。西アジアや中央アジア、中国の景教徒の間でも踊りは盛んでした。

修二会の説明には、真夜中に「達陀《ダッタン》」が行なわれると書いてあります。これは明らかに、ダッタンという音に当てはめられた当て字です。「ダッタン」(韃靼)とは中央アジアのモンゴル系遊牧民族タタールのことで、彼らは昔ほとんどが景教徒でした。つまり、どこを見ても、景教徒を思い浮かべるものばかりなのです。

景教の教典を読んだ親鸞

日本雅楽会会長・押田久一氏は、今も毎年宮中で演奏される雅楽の「越天楽《えてんらく》」は、「ペルシャから伝わった景教の音楽です」と言明しています。また、福岡県に伝わる民謡「黒田節《くろだぶし》」は有名ですが、これはじつは「越天楽」の編曲からできたものです。

京都、西本願寺には、親鸞上人《しんらんしょうにん》も学んだという景教の教典『世尊布施論《せそんふせろん》』があります。現在は公開はしていませんが、宝物として保管されています。親鸞上人も、景教の書物を読んでいたのです。この『世

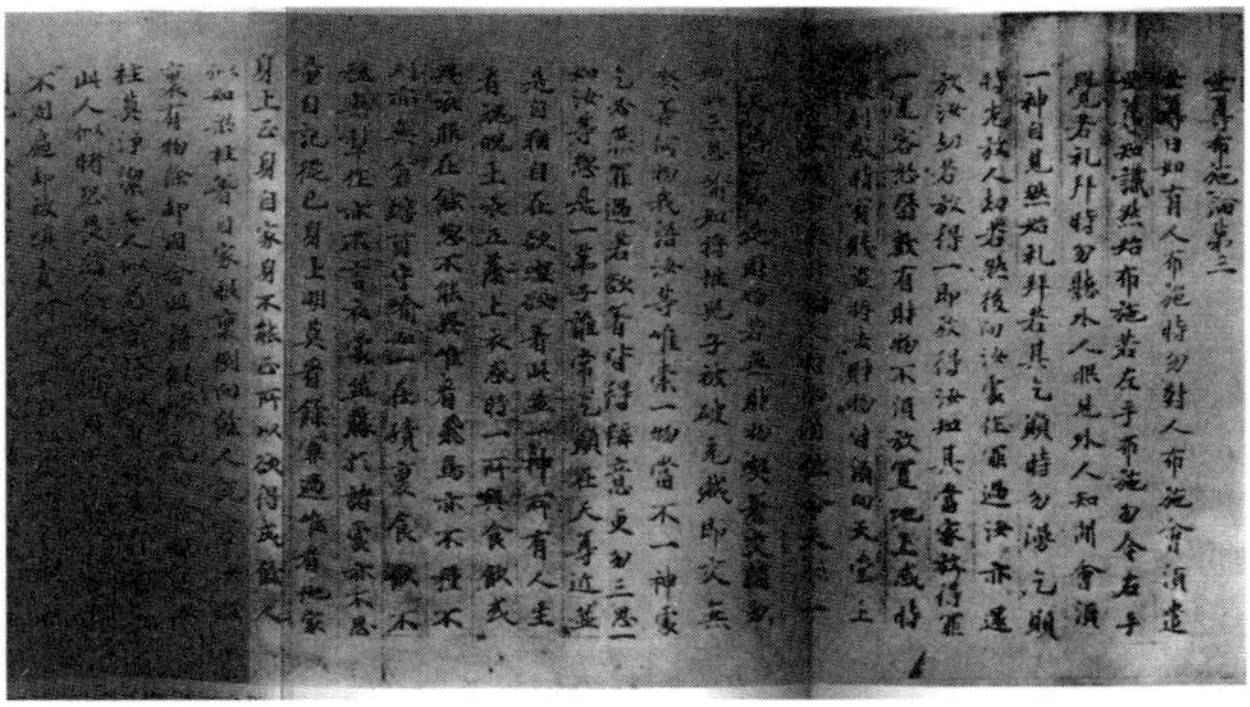

世尊布施論第三

親鸞も読んだ景教の教典「世尊布施論」。

尊』とはシャカではなく、イエスのことです。

これは中国で、七世紀に景教徒によって漢語に訳された景教の教典です。それが日本にも持ち込まれていました。内容は、イエスの「山上の垂訓《すいくん》」（マタイの福音書五〜七章）等に関するものです。その冒頭の部分を少し現代語訳してみましょう。

「世尊（宇宙の主　イエス）はこう言われた。人に施しをするのであれば、施しをする前に、まず神にそれを捧げ、それからそれを人に捧げなさい。あなたの左手がする施しを、右手に知らせないようにしなさい。あなたの礼拝が、人に見せるためであったり、人に聞かせるためであったりしないように気をつけなさい。……

あなたに罪を犯している人がいるなら、その罪をあなたが赦《ゆる》すなら、聖なる方も、あなたの罪を赦して下さいます。……あなたの宝を地上にたくわえるのはやめなさい。盗人や強盗に略奪されたり、きず物になったりしてしまいます。あなたの宝は天国にたくわえなさい。そこではこわされることも、失われることもありません……」

『世尊布施論』はその後、アダムの創造と堕落、イエスの降誕、生涯、教え、さらに基督教的救い等についても述べていきます。こうした『世尊布施論』を、親鸞が何時間もかけて学んだということは、興味深いことです。

実際、クリスチャンが親鸞の教えを学んでみると、そこには非常に基督教に似たものを感じることがあります。用語は仏教的にしてあるけれども、思想的には「これは基督教の教えじゃないか」と思わされるようなことに、しばしば出会うのです。

中国の景教徒のマークと同じものが日本に

ほかにも、ザビエル以前の日本に基督教が入っていたという、多くの証拠があります。

たとえば吉田元博士《よしだはじめ》（関東学園短大教授）は、中国の景教徒の墓に見られる紋様と同じものが、しばしば日本の古い墓に見られることに着目しています。

中国の景教徒の墓を見てみると、たいてい景教の十字架の下に、「なつめやし模様」と見られるものが描かれています。一見「七枝《ななえだ》の燭台《しょくだい》」（メノラ）にも似ていますが、下部に根があることから見て、なつめやしだと吉田博士は考えています。

この模様は、たとえば中国の刺桐城の景教徒の墓や、房山県《ぼうざんけん》の旧十字寺の景教徒の墓石、その他にも描かれています。それと同じものが、しばしば日本の古い墓石に見られるのです。

中国の剌桐城の景教徒の墓に刻まれた十字架と、なつめやし模様。

キリシタン墓石。群馬県利根郡川場村門前。半三郎の墓。このなつめやし模様は、キリシタン墓石に多数見られるが、中にはザビエル来日以前のものも少なくない。福島県郡山市如宝寺の板碑は1208年（承元２）と刻まれている。景教の象徴＝なつめやし模様と同じであることに注意。

（吉田元著『墓紋の謎』東京経済刊より）

なつめやし

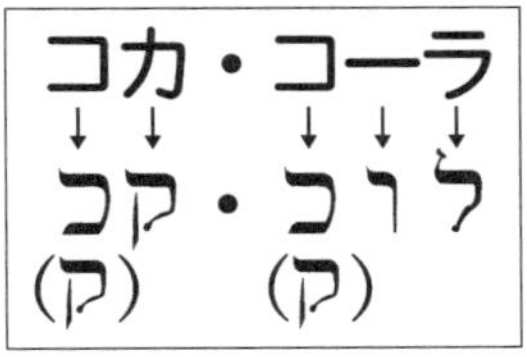

日本語の「コカ・コーラ」がヘブル文字に見えた！　このヘブル文字を発音するなら、やはり「コカ・コーラ」となる。

たとえば、群馬県利根郡川場村の門前に「半三郎の墓」というキリシタン墓石があります。そこには中国の景教徒の墓のものと同じ「なつめやし模様」が、はっきりと刻まれています。

この模様は、キリシタン墓石に多く見られます。そして中には、ザビエル来日以前のものも少なくないのです。たとえば福島県郡山市如宝寺の板碑は、一二〇八年（承元二年）と刻まれています。

「かな」がアラム文字に似ている理由

また興味深いのは、日本の「ひらがな」「カタカナ」です。

現在日本人が使っている「ひらがな」「カタカナ」は、奈良時代～平安時代頃につくられたものです。それまでの日本には、漢字しかありませんでした。

「ひらがな」「カタカナ」が、誰によって作られたかは、よくわかっていません。一説には吉備真備《きびのまきび》（六九五～七七五年）が作ったとも言われますが、定かではありません。

しかし不思議なことは、これらの「かな」――とくにカタカナは、古代のアラム語ないしヘブル語の文字に非常によく似ている、ということです。

ラビ・トケイヤーは、日本に初めて来たとき、「コカ・コーラ」とカタカナで書いてある看板を見て、「あれ、自分はヘブル語を読んでいるのだろうか」と思ったと講演で述べていました。たしかに、ヘブル語で「コカ・コーラ」と書いた場合と、カタカナで「コカ・コーラ」と書いた場合、両者は非常によく似ています。

ユダヤ人、ヨセフ・アイデルバーグも、同じことを言っています。アイデルバーグは、日本の「カタカナ」および「ひらがな」と、ヘブル文字との類似性を表にして説明しています。

それを見ると、たしかによく似ています。とくに古代ヘブル文字、あるいはアラム文字と日本の「かな」との間には、非常な類似性があります。

ヘブル語とアラム語は兄弟言語で、同じ文字を使います。問題は、もし日本の「かな」を普通の日本人が作ったのなら、なぜこんなにアラム文字、あるいはヘブル文字に似ているのか、ということです。それは単に「漢字を極度に草書体化したものだ」というだけでは説明がつきません。

先に見たように、景教徒は、ウイグルではウイグル文字をつくって土地の人々に読み書きを教え、また韓国では韓国の文字をつくって人々に読み書きを教えました。彼らがつくったそれらの新しい文字は、土地の人々の言語に合わせたもので、非常にシンプルに、またすばやく書き表せる便利な文字でした。

景教徒たちの使命の一つは、誰でもわかる平易な文字に翻訳された聖書を広めることでした。そのために彼らは、アジア中の言語を研究する言語研究所を持っていたくらいです。彼らは行く先々の言語を徹底的に研究し、しばしば言語に合わせて文字さえも創作していたのです。

ですから、日本にも景教徒が来たのであれば、彼らが日本人の言語を研究し、その言語に合わせた適切かつ簡易な文字をつくり出し、それを日本人に与えたのだとしても決して不思議ではありません。

彼らは景教徒であり、アラム語を母国語とする人々でしたから、「かな」をつくる際に、アラム文字を若干変形させてつくったのではないかと想像されるわけです（景教徒の用いたシリア文字も、アラム文字を基本としたものです）。

「かな」の発明は、日本文化にとって画期的な出来事でした。山本七平《やまもとしちへい》氏は、「かなの発明」について、その著『日本人とは何か』（ＰＨＰ研究所）の中でこう述べています。

「『かな』が日本文化をつくった。……平安前期までの日本は、ほとんど中国文化の取り入れに明け暮れた。その中で本当に創造的な仕事と言えるのは、かなの発明である」

いろは歌には景教思想が織り込まれている

これに関連して思い起こされるのは、「いろは歌」です。

音の異なる四七文字の「かな」を、一字も重複することなくすべて使用して、しかも意味のある一つの歌にしている、あの優れた歌です。

いろは歌は、一般に平安時代に作られたと言われています。作者は不詳ですが、弘法大師・空海の作、との俗説があります。これは空海ほどの天才でなければ、これほど優れたものは作れない、という憶測によるものです。

しかし、現在のほとんどの学者は、この説を否定しています。一般には、誰の作かは不明なのです。

日本の戦前の小学校では、いろは歌は、その最後に「ん」または「京」の字をつけて、習字の手本にされました。その際、いろは歌は、七文字ずつに区切って記されました。「いろはにほへと」で区切り、次

アラム・ヘブル語と日本語の文字対比表

グループA

	k	k	q	th	n	f	l	w	h	s	ts	,
アラム・ヘブル語												
日本語	コ	ク	カ	ト	ノ	フ	レ	ワ	ハ	サ	そ	ひ
	ko	ku	ka	to	no	fu	re	wa	ha	sa	so	hi

グループB

	r	n	w	z	k	a
アラム・ヘブル語						
母音印をつけた場合						
日本語	ラ	ナ	ウ	ン	ケ	あ
	ra	na	u	so	ke	a

グループC

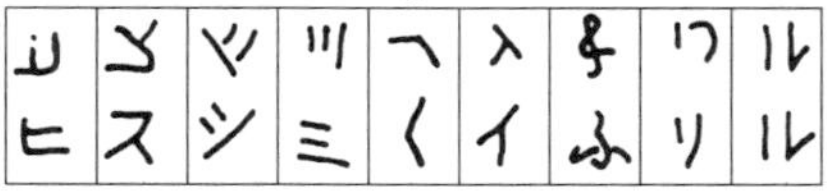

	,	ts	sh	m*	g	i	f**	ri	lu
アラム・ヘブル語									
日本語	ヒ	ス	シ	ミ	く	イ	ふ	リ	ル
	hi	su	shi	mi	ku	i	fu	ri	ru

＊この字はヘブル・アルファベットには載っていないが、
「シェマ」の古代ヘブル印には、はっきりと刻まれている。

＊＊この字はヘブル・アルファベットには載っていないが、
現代草書には使われている。

ヨセフ・アイデルバーグ著『大和民族はユダヤ人だった』（たま出版）より

に「ちりぬるをわか」……といった具合です。

これは古来の区切り方です。たとえば一〇七九年の『金光明最勝王経音義《こんこうみょうさいしょうおうきょうおんぎ》』に記された現存最古のいろは歌も、七文字ずつに区切られ、七行で記されています。さて、七字ずつに区切って改行したいろは歌を見てみると、興味深いことがわかります。

「**い**ろはにほへ**と**
ちりぬるをわ**か**
よたれそつね**な**
らむうゐのお**く**
やまけふこえ**て**
あさきゆめみ**し**
ゑひもせ　**す**」

ここで、各行の一番下の文字を続けて読むと、

「とがなくてしす」(歌の中で清音と濁音は区別されない)

となることがわかります。「咎《とが》なくて死す」と読めます。罪がなくて死んだ、の意味です。

さらに右上、左上、左下の文字を続けて読むと「イエス」となります。

さらに私には、各行の頭の文字を続けて読んだ「いちよらやあえ」は、「神ヤハウェの人」を意味するヘブル・アラム語「イーシ・エル・ヤハウェ」のように思えます。するとこれは、

「神ヤハウェの人イエス、咎なくて死す」

のメッセージを織《お》り込んだ歌ということになります。まさに基督教の思想であるわけです。

折句は歌人の間で流行した

じつは、こうしたメッセージを歌に織り込むのは実際、平安時代等の歌人の間ではよく行なわれたことでした。彼らは一見何でもないような歌の中に、別の通信文を隠しました。

たとえば紀貫之《きのつらゆき》の和歌に、次のようなものがあります。

「**を**ぐらやま
みねたちならし
なくしかの
へにけむあきを
しるひとぞなき」

五七調に区切った頭の文字を横に読むと、「をみなへし」つまり女郎花《おみなへし》となります。「秋の七草」の一つの名になるのです。何か重大な用件を暗号的に組み込むといったものではありませんが、このように文の中に花の名や鳥の名を織り込んで、雅《みやび》やかな遊びとして愛好したのです。

こうした歌のよみ方を、「折句《おりく》」と言いました。

折句において、暗号を各句の頭に置くこともありましたし、末尾に置くこともありました。あるいは両方に置くこともありました。たとえば、次のような面白い例もあります。

「よもすず　し
ねざめのかりほ
←たまくら　も→
まそでも秋　に
へだてなきかぜ」

これは、兼好《けんこう》法師が友人の頓阿《とんあ》法師に送ったもので、頭で「米たまえ」（コメをください）、末尾で「銭も欲し」（お金も頂戴！）となります。これに対する頓阿法師の答えは、

「よるもう　し
ねたく我せ　こ
←はては来　ず→
なほざりにだに
しばし問ひませ」

でした。これは、「米は無し」「銭少し」となります。当時の人々はこのように、しばしば歌の中に別の文を入れて、楽しんだのです。

そうであれば、いろは歌も同様の「折句」であるとも考えられます。そしてそこに隠された「とがなくてしす」「いえす」も、共に意味を持った言葉であると、考えられるのです。

いろは歌はしばしば、仏教的思想——つまり涅槃《ねはん》経《ぎょう》の内容をうたったものと言われます。しかし、国

文学者の宮嶋弘氏や岡田希雄氏らは、涅槃経とは関係がないとしています。私にはむしろ、

「色は匂えど散りぬるを
我が世誰ぞ常ならむ
有為《うい》（憂ゐ）の奥山今日越えて
浅き夢見じ酔ひもせず」

といういろは歌の内容は、次の聖書の言葉を思い起こさせるものです。

「すべての人は草、その栄光はみな野の花のようだ」（イザヤ書四〇・六）

「むなしいものを見ないように私の目をそらせ、あなたの道に私を生かして下さい」（詩篇一一九・三七）

こうした思想や思いをうたったのが、いろは歌なのではないか、と思えるのです。つまり「かな」をつくったのも、いろは歌をつくったのも、じつは日本にやって来た景教徒たちだったのではないか、と考えられます。

景教の話が仏教の説話に混入している

日本には古くから景教の教典や、景教徒が入っていたので、日本の仏教徒も景教の教典にふれる機会がたくさんありました。そのために、日本の仏教の伝説や書物の中には、景教に由来すると思われるものが少なからず混入しています。

たとえば、冨山昌徳はその著『日本史の中の仏教と景教』の中で、仏教僧・法然の伝記と聖書との関係を指摘しています。法然伝の根本資料となった古書『夢感聖相記』の中には、聖書のマタイの福音書一七章のイエスの「山上の変貌」の記事の内容が、同じ順序で転用されているといいます。そして詳しく解説しています。

一方彼は、『平家物語』(一三世紀)の中に、聖書・エゼキエル書の「枯れた骨」と非常によく似た物語が混入しているとも、指摘しています。

それは、平清盛《たいらのきよもり》がある朝起きて、何気なく庭を見てみると、そこにおびただしい枯れた人骨が満ちていた、という物語です。さらに見ていると、多くの骨が一つに集まり、山のように積み重なりました。そのうちその一つに、生きている人の目のようなものがついて、周囲をにらんだというのです(『平家物語』巻五「物怪之沙汰」)。

これは平家滅亡を示す幻でした。しかし、これと非常に似ている話が、旧約聖書・エゼキエル書三七章にあります。エゼキエルが見ると、多くの枯れた骨が谷に満ちていました。そのときエゼキエルは神の声を聞きます。

「これらの骨はイスラエルの全家《ぜんか》である。ああ、彼らは、『私たちの骨は干からび、望みは消えうせ、私たちは断ち切られる』と言っている」

と。その骨は、イスラエル民族の滅亡を示す幻でした。またエゼキエルが見ていると、その骨が集まり、骨に肉がつき、皮膚がその上をおおいました。

このように両者の話は、枯れた人骨が滅亡を表すということ、またそれが、見ている間に集まること、

肉がつくこと、また両者とも夢ではなく預言的な幻であること、などの点でよく似通っています。富山昌徳は、

「わが国には、白鳳《はくほう》、奈良、平安、鎌倉、南北朝各時代を通じて、基督教思想が地下水のように流れていると考えざるを得ない」

と述べています。

日本では、かつてキリシタン迫害時代に、過去の日本における基督教的な遺跡や、文書、直接的な歴史的遺物等は焼かれたり、破壊されたりしました。また、仏教のもののように変えられたりもしました。表面的には、日本の過去において基督教的な歴史はなかったかのように、見せかけられたのです。けれども注意深く、残されたものを検討してみるならば、このように過去の日本における基督教的影響を読みとることができるのです。

キリストの復活・昇天を描いた仏教画

京都市・南禅寺近くの永観堂《えいかんどう》、あるいは黒谷の真如堂《しんにょどう》に、興味深い絵が保存されています。これはエリザベス・A・ゴードン女史が住職の許可を得て撮影した仏教画ですが、もともとは中国から伝来したものとのことです。

法然上人《ほうねんしょうにん》によって発見されたとの伝説があり、したがって一二世紀以前に描かれたものでしょう。

絵は、上中下の三段から成り、下段では達磨《ダルマ》（頭に布をかぶっている人物）が、人々に語っている光景となっています。

中段では、一同が空虚な墓の前に行っています。そして上段では、聖者が後光を放ち、雲に乗って昇天するのを、一同が拝んでいるのです。道籏泰誠氏は、この絵について、

「これは言うまでもなく、キリストの復活・昇天の絵を仏教化したものだ」

と述べました。ゴードン女史も、

「中世のイエスの絵と同じく、これは主イエスの復活と昇天の絵に違いない」

と述べています。

この絵は、達磨が聖者の復活・昇天について人々に語っている、という体裁をとっています。しかし、達磨の姿を見てみると、頭に布をかぶり、顔にひげを生やしており、中近東の人々特有の格好であることがわかります。こうした格好は、ユダヤ人の特徴です。

かつてキリストの使徒トマスは、インド、中国方面に伝道に行ったと伝えられています。この絵は、使徒トマスが復活のキリストに出会ったときの体験を人々に語っている光景を、仏教化したものではないかと言われています。

すなわち、使徒トマスが達磨に置き換えられ、仏教画に作り替えられているのです。

これらのことは何を示しているのでしょうか。

私たちは、日本の伝統や歴史の多くについて、「これは仏教のものです」「これもそうです」等と説明されてきました。しかしよく調べてみると、それらは純粋に仏教だけなのではなく、もう一つ別の歴史が深

キリストの昇天

キリストの墓に入る弟子

頭に布をかぶり、顔にひげを
生やす姿は、中近東の人々に
特徴的なものである。

上の写真は、仏教研究家E・A・ゴードン氏によって紹介された仏教画で、中国から伝来したものである。この絵は昔、法然上人によって発見されたとの伝説があり、京都市の永観堂（あるいは真如堂？）に保存されている。絵は上中下の3段から成り、下段では達磨（頭に布をかぶっている人物）が、シャカの弟子の阿難陀《アーナンダ》と語っている。中段では、一同が空虚な墓の前へ行っている。そして上段では聖者が後光を放ち、雲に乗って昇天するのを、一同が拝んでいるのである。道籏泰誠氏は、この絵について、「これは言うまでもなく、キリスト復活・昇天の絵を仏教化したものだ」と述べている。キリストの使徒トマスは、インド・中国方面に伝道に行ったと伝えられている。この絵はおそらく、使徒トマスが復活のキリストに会ったときの体験を人々に語っている光景を、仏教化したものだろう。すなわち使徒トマスがダルマに置き換えられ、仏教画に作り替えられているのである。

くかかわっていたのです。仏教以外のもう一つの歴史です。

次章で見るように、じつは聖徳太子にまつわる伝説の中にも、いちじるしい景教の影響が見られます。日本の過去の大人物にまつわる伝説の中に、しばしば景教的な物語が数多く混入しているのです。

景教は非常に早い時代から日本に入っていたのですが、日本人の中には景教も「仏教の一派」であるかのように理解する人々が多くいました。そのため、日本人は過去の大人物の伝説に、景教にまつわる話を混ぜてしまうことさえ少なくなかったようです。

第8章
聖徳太子と古代基督教

ケン・ジョセフ
久保　有政

聖徳太子伝説に混入した景教の話

景教徒が、日本の庶民の間に入り込んでいたことは、次のような事実からもうかがえます。それはたとえば、聖徳太子にまつわる様々な伝説です。

聖徳太子が実際にどういう人物であったかについては、謎が多いとされています。しかし聖徳太子の死後、数百年たった平安時代に、聖徳太子に対する人々の尊敬がふくらみ、彼に関する多くの伝説が生まれていきました。

そして不思議なことに、その聖徳太子伝説の中に、景教、あるいは秦氏の信奉していた古代基督教の物語が転用されたふしがあるのです。

聖徳太子は、馬小屋で生まれた「救世菩薩《ぐぜぼさつ》」、すなわち一種の救い主とされています。聖徳太子は「厩戸皇子《うまやどのみこ》」と呼ばれましたが、「厩」とは馬小屋のことです。

高貴な人物の呼び名に「馬小屋」というような言葉を入れるのは、通常なら蔑称《べっしょう》ともなりかねませんから、避けるところです。ところが「厩戸皇子」という呼び名は、聖徳太子への敬称として用いられているのです。明治期の歴史学者・久米邦武《くめくにたけ》博士は、これは、

〝マリヤが馬小屋でイエスを産んだ〟

とする基督教の話が、聖徳太子の伝説中に取り込まれたからではないか、と推測しています。馬小屋で

生まれたとされる聖人は、世界を見渡しても、イエスと聖徳太子の二人しかいないのです。

それだけではありません。じつは聖徳太子誕生の話と、イエス誕生の話とは、細かい所における記述の順序までが、非常によく似ているのです。『日本史の中の仏教と景教』の著者・冨山昌徳はこう書いています。

「平安朝のなかば、菅原《すがわらの》道真《みちざね》が筑紫《つくし》で配所の月をながめていた頃、京都の知識人の間では、聖書の『ルカ伝』（ルカの福音書）が読まれていた形跡がある。それは藤原《ふじわらの》兼輔《かねすけ》の著作と伝えられる『聖徳太子伝暦《でんりやく》』（九一七年）において、間接的に証明することができると思う。

すなわち、そこでは『ルカ伝』一章二六節〜二章二一節までのイエスの誕生物語が、そっくりそのままの順序で、聖徳太子の誕生物語として掲載されているのである」

そう言って、詳しく解説しています。また、聖徳太子にまつわる伝説をみてみると、ほかにも聖書を思い出させるものがたいへん多いことに気づかされます。

伝説によると、聖徳太子の母・間人《はしひと》皇后の夢に救世観音が現われ、太子の誕生を予告しました。同様に聖書では、マリヤの前に大天使ガブリエルが現われ、イエスの誕生を伝えています。

別の伝説によると、百済《くだら》人の日羅《にちら》聖人《しょうにん》は、聖徳太子を「救世観音」と呼んで礼拝しました。ところが、この日羅聖人は後に暗殺されています。これはまさに、バプテスマのヨハネがキリストを「救世主」と呼んで礼拝したけれども、のちにそのヨハネは暗殺されたという、聖書の記事を思い起こさせるものです。

聖徳太子は聖書との習合伝説を通して英雄化された

冨山昌徳はまた、こう書いています。

「醍醐本《だいごぼん》『聖徳太子伝記』（一三世紀）には、聖徳太子が死んでよみがえった話が出ているだけでなく、本書全体の構成が『ヨハネ伝』を模《も》したものと推定される。……このことは、聖書の抄訳《しょうやく》ではなく、全訳が当時日本に渡来していたのではないか、ということを推定させる根拠となる」

つまり、『ヨハネの福音書』のキリストの復活の話が、聖徳太子の伝説に取り入れられているようだ、というのです。他の聖徳太子伝説についても、彼はこう書いています。

「たとえば『マタイ伝』二五章三四節以下を想起させるものに、片岡山で太子が、飢えた者に衣食を与えた物語がある。それに続いて、その飢えた人が死んで葬られ、数日の後復活して、ただ棺《ひつぎ》の上には衣だけしか残っていなかったという。この『日本書紀』の物語は、『ヨハネ伝』二〇章一～一〇節に脈を引くものではないかと想わせる」

キリストは、飢えた者に衣食を与えるなら決して報いからもれることはなく、それはキリスト自身に与えたのと同じだと教えました。また、キリストが死んで葬られ、のちに復活した墓には、ただ衣だけしか残っていなかったとも、聖書に記されています。

聖徳太子はまた、「大工の祖」と仰がれ、「大工の守護神」とされています。これは古代の大きな建築物

聖徳太子は飢えた人に出会い、衣食を与える。その飢えた人は死んで葬られ、数日ののち復活して、棺の上にはただ衣しか残っていなかったという。

（「聖徳太子絵伝」兵庫県・斑鳩寺蔵）

聖徳太子の受胎（左）。母は夢で金色の僧に受胎を告げられ、馬小屋の前で太子を出産したという（右）。

（「聖徳太子絵伝」兵庫県・斑鳩寺蔵）

の造営において、聖徳太子が中心的な役割を果たしたこともあるのでしょう。大工には「太子講《たいしこう》」と呼ばれる同業者集団があるくらいです。同様に、イエスの職業は大工でした。

聖徳太子にまつわる後世の伝説は、このように、もともと基督教だったものが数多く取り込まれているようです。これは、日本には古くから、キリストの伝記を伝える人たちがいたことを意味します。

日本には、早くから基督教が入っていました。その考えが取り入れられ、あるいは対抗するかたちで、のちに聖徳太子のメシヤ化を図る人々がおり、そのためにこのような聖徳太子伝説が民衆の間に生まれたようです。

のちに、仏教・浄土真宗の開祖・親鸞は、『大日本粟散《ぞくさん》王聖徳太子奉讃』と題する、一一五首の和讃を作っています。そこにうたい出された聖徳太子は、先に述べた菅原兼輔の『聖徳太子伝暦』をそのまま和讃化したものです。そこに隠されていた「キリスト」は、親鸞の信仰形成に、大きな影響を与えたに違いありません。

あの十七条憲法をつくった聖徳太子は、じつは渡来人である秦氏とも、緊密な協力関係を保った人でした。賀茂《かも》氏とも協力関係にありました。秦氏らは聖徳太子のもとで、完全に信教の自由を保証されていました。秦氏が広隆寺を建てたのも、聖徳太子の時代です。

聖徳太子は大阪に、四天王寺《してんのうじ》をつくったとされています。それには「四箇院《しかいん》」と呼ばれる福祉施設が付随していました。「敬田院《きょうでんいん》」（宗教、学芸、音楽の殿堂）、「施薬院《せやくいん》」（無料の薬局）、「療病院《りょうびょういん》」（無料の病院、診療所）、「悲田院《ひでんいん》」（身よりのない人々の保護施設）の四つです。これらは、古代東方基督教徒たちが昔から東洋の各地で行なっていたことでした。

聖徳太子は、大規模な形での社会事業、福祉事業を日本で始めた最初の人だったのです。

じつは聖徳太子と、秦氏の信奉する古代基督教とのかかわりを示唆《しさ》するものは決して少なくありません。

聖徳太子は、一般には「日本仏教の教主」「日本に仏教を広めた大功労者」と思われています。しかし本当にそうだったのでしょうか。つぎに、それを見てみましょう。

仏教専制の時代

はじめ仏教は、六世紀に、京都の隣の奈良に入ってきました。金きらきんの仏像が入ってきたのです。日本人はそのような金ピカのものを、それまで見たことがありませんでした。その仏像を通して、仏教を信じる人々が増え始めました。

ところが、仏像と共に大陸から疫病《えきびょう》が入ってきて、人々がバタバタと倒れ始めました。天然痘が大流行したのです。そのために敏達《びたつ》天皇も、用命《ようめい》天皇も、聖徳太子も、またその妃殿下も、身を隠さねばなりませんでした。その状況は、まことに悲惨きわまりないものだったのです。

そのため仏教反対派の人々は、仏像を「疫病神《やくびょうがみ》」と呼びました。これが「疫病神」という言葉の起こりです。人々はやむなく、疫病の地を焼き払いました。仏像も、難波《なんば》の堀江で、焼いた上で捨てたのです。そうやって、疫病はようやくおさまりました。

この事件はまた、当時の日本人が、偶像を忌《い》み嫌う気持ちを強く持っていたことをも示しています。日本神道にはもともと、偶像をつくる文化がありません。神社の本殿を見ても、神々を見える形に彫り刻んだ像はありません。

これは、ラビ・トケイヤーが強調する〝日本神道とユダヤ教の重要な共通点〟でもあります。日本人は、偶像をつくる文化を持っていなかったのです。しかしそこに、仏教の偶像が入ってきました。いったんは仏像は焼かれます。

ところがその後、仏教徒は武力をもって天下を取ります。日本最初の宗教戦争が勃発しました。生半可《なまはんか》の戦争ではありません。日本の将来を決する大戦争となったのです。

ついに、仏教派の蘇我氏《そがし》（蘇我馬子《そがのうまこ》）は、神道派の物部守屋《もののべのもりや》の一族を滅ぼしました。蘇我氏はその後、横暴をきわめるようになります。彼らは、崇峻《すしゅん》天皇さえも暗殺しました（五九二年）。なんと天皇を殺した。そうはっきり記録にあります。

その後、蘇我氏は天皇に女性をたてます。初の女性天皇。女性ならばあやつりやすい、と考えたからでした。これが日本における仏教専制の始まりです。

かつて、いわゆる基督教国といわれるヨーロッパの国々でも、こうしたことはよくありました。仏教徒だけではない、基督教徒といわれる人々も、たくさん悪いことをしました。武力を用いて、ひどいことをしました。

しかし、醜い宗教戦争があったのは、ヨーロッパだけではありませんでした。悲しいことに、この日本でもありました。多くの日本人は、仏教は自然に日本に根づいたように思っている、平和的に根づいたように思っているかもしれません。

でも、その始めは決してそうではありませんでした。仏教は、武力によって日本に取り入れられ、力ずくで国教とされたのです。天皇制も、仏教派の蘇我氏の政治に従属させられました。これは歴史家なら、誰でも認めることです。

本来、仏教には天皇制は必要ありません。では蘇我氏がなぜ、天皇制を存続させたのでしょうか。それはその神秘的な力を利用したかったからだと思われます。中枢に神秘的な存在を置いておくことによって、国の統治がしやすくなると考えたのでしょう。

こうして天皇制は存続し、このとき天皇を助けるかたちで立てられたのが、聖徳太子でした。聖徳太子は、強大な権力を持つ蘇我氏とあからさまに対立することを避け、仏教をも尊重しつつ、豊かな知恵をもって事業を進めました。

聖徳太子の時代、平和と発展が日本国中に広がりました。しかし、やがて蘇我氏の横暴が強くなり、聖徳太子は政治から退けられます。

そして聖徳太子の死。

その後しばらくして蘇我入鹿《そがのいるか》（?〜六四五年）は、聖徳太子の子孫や、その家族をみな殺してしまいます。つまり皇位継承の有力候補だった聖徳太子の子（山背王子《やましろのおうじ》）とその一族を襲い、全員、集団自決に追い込んでしまったのです（六四三年）。

こうやって完全に仏教独裁となります。

六四五年には、仏教推進派の蘇我氏は朝廷図書館に火をつけます。中の蔵書をすべて焼き払って、日本の過去を消してしまいました。後世の人々が、日本の古代の真実の歴史を知り得ないようにしてしまったのです。

そののち、仏教は国の中枢に入り込みます。天皇に関する儀式や政治に、仏教が正式に加わったのです。これはかつてなかったことです。仏教は、日本において一種の「国教」となったのです。当時の仏教は、個人の救済を目指すものというより、国家安泰、鎮護の仏教でした。

さて、仏教が一種の国教となり、その独裁が始まったとき、いったい何が起きたでしょうか。聖徳太子といえば、仏教を日本に広めた大功労者であり、仏教を篤く信仰した聖人だった、というのが一般に思われていることでしょう。私たちはそう教えられてきました。彼は法隆寺や四天王寺といった、仏教の寺をつくった人ではないかと。

しかし、じつは聖徳太子の一族は一人残らず、仏教派の蘇我氏によって殺されているのです。聖徳太子がもし本当に仏教の大功労者なら、なぜ仏教派が、彼の一族を皆殺しにしたりするのでしょうか。

さらに、聖徳太子自身の死についても、不審な点があるのです。

なぜ聖徳太子は仏教の聖人に祭り上げられたか

太子は、六〇五年以降は飛鳥から離れた斑鳩《いかるが》にこもり、政治にはほとんど携わりませんでした。見方によっては幽閉です。聖徳太子を政治に参加させないために幽閉した、という説も実際あります。

そして六二一年、聖徳太子の母が死亡し、その約二ヶ月後、最愛の后(膳《かしわの》菩《ほ》岐《ほ》岐《き》美《みの》郎《いら》女《つめ》)が死亡。そ

の翌日、聖徳太子自身が、四九歳の若さで死んでいます。この矢継ぎ早の死について、自殺説や疫病説なども主張されていますが、

「どうも状況からみて暗殺の線が濃い」

という人もいます。実際その証拠に、江戸時代まで、大聖勝軍寺《だいしょうしょうぐんじ》（通称太子堂　大阪府八尾市太子堂町）には、聖徳太子が毒殺される場面を描いた絵巻が残っていたといいます。

つまり聖徳太子の子孫だけでなく、聖徳太子自身も殺された、という可能性が強いことがわかります。ですから、本当に聖徳太子が仏教の大功労者ならば、なぜ彼の一族は排除されたのか、という疑問が当然生じてくるのです。

ある人々は、聖徳太子は伝説で語られているような「仏教の大功労者」ではなかった、と考えています。いわゆる「日本仏教の教主」としての聖徳太子像は、仏教が日本の国教になった後世において作り上げられた虚像にすぎない、というのです。

しかし、どうして聖徳太子は、「日本仏教の教主」「仏教の聖人」に祭り上げられる必要があったのでしょうか。

それを説明するキーワードは「怨霊《おんりょう》」です。無実の人が殺されると怨霊となり、たたって災いを起こす――それが古代の人々の抱いた観念でした。聖徳太子一族の霊は怨霊となっているから、それを鎮《しず》め、封じなければならない――聖徳太子一族を殺した人々は、そう考えたはずです。

怨霊を鎮めるにはどうしたらいいか。〝祭り上げる〟ことです。神社や仏閣に手厚く葬り、聖人、大功労者、救い主として祭り、人々の深い尊敬を集めるようにすることです。

かつて哲学者の梅原《うめはら》猛《たけし》氏は、法隆寺が存在する本当の目的は、聖徳太子一族の、「怨霊を鎮め、封じ込めるためであった」と発表し、一大センセーションを巻き起こしました。為政者は、聖徳太子一族の死に責任があったのです。怨霊観念の強かった当時において、彼らは聖徳太子の怨霊を鎮めなければならないと考えたはずです。それで聖徳太子を「日本仏教の教主」「仏教の聖人」の地位に祭り上げ、また人々の間に聖徳太子信仰を生み出した。こうして太子を仏教の大功労者に祭り上げて、人々の尊敬を集めるようにした――そのように思えてくるのです。

聖徳太子と関係の深かった秦氏

もう少し詳しく見てみましょう。

聖徳太子の側近には、じつは秦河勝がいました。彼は秦氏の族長です。彼は聖徳太子を記念して蜂岡寺《はちおかでら》(のちの広隆寺)を建てた人でもあります。

秦河勝は、聖徳太子の有能なブレーンとして働き、いつも行動を共にしました。聖徳太子の分身のようだった、とまで言う人もいます。ここまで秦氏が聖徳太子と行動を共にした、ということは、秦氏一族全体が聖徳太子のバックにいたことを意味します。

また、聖徳太子のあとをついだ王子の名前は、山背王子と言います。山背といえば秦氏の拠点です。王子は、山背の秦氏によって育てられたのです。

ここに見えてくるのは、いかに聖徳太子が秦氏との深いかかわりの中にあったか、ということです。聖徳太子は秦氏と同じような宗教、また思想を持っていたように思えます。兵庫県の赤穂《あこう》には、昔から、「聖徳太子は秦氏だった」という伝説もあります。いずれにしても、太子は宗教的、思想的に秦氏と同じか、あるいはそれに近いものを持っていた、ということだけは確かと思われます。

太子は善政を敷きましたが、やがてついに政治からはずされ、彼の一族も蘇我氏によって滅ぼされてしまいます。このとき秦河勝は、蘇我氏をさけて兵庫県赤穂市の坂越《さこし》にのがれなければならなかったほどです。秦河勝はそこに「大避神社《おおさけじんじゃ》」を建て、そこで死にました。これは聖徳太子の宗教的、政治的思想は、仏教派の蘇我氏とはまったく異なっていたことを意味しています。

聖徳太子といえば、「十七条憲法」の、「篤《あつ》く仏法僧《ぶっぽうそう》を敬え」を思い出す人も多いことでしょう。『日本書紀』にそう記されています。十七条憲法中、仏教的観念を述べているのは、この条項だけです。聖徳太子は本当に、この条項を述べたのでしょうか。

『日本書紀』は、仏教が日本の一種の国教となり、国政に深く入り込んだ後につくられたものです。歴史学者の小林恵子《こばやしやすこ》氏は、

「十七条憲法についても、後年とくに『日本書紀』に記載するとき、かなりの付加や補足、変更や訂正が行われた」

ようだとしています。つまり、仏教的国政に都合のいいような付加や補足、変更や訂正が行なわれたようにも見えるのです。十七条憲法についてはまた、江戸時代から、これは聖徳太子の作ではないとの説が

あります。一方、十七条憲法の原案は聖徳太子によるものだが、細かいところは後世の人々によって書き換えられている、と述べる学者もいます。

また『日本書紀』によれば、聖徳太子は仏教派として、神道派の物部守屋と戦ったとされています。太子はそのために四天王《してんのう》に戦勝祈願を行ない、その結果、物部守屋に対し勝利を得たので四天王寺を建てたと言われています。

ところが、四天王寺はもとは少し離れた別の場所にあり、それはもともと仏教の寺ではなく、玉造《たまつくり》稲《いな》荷《り》神社であったとの説があります。そして玉造稲荷神社の伝承によると、この決戦のとき聖徳太子は、玉造稲荷神社に詣でて、

「もしこの決戦に勝つならば、この枝に芽を生じさせたまえ」

と祈ったと言います。聖徳太子が祈願をしたのは、仏教の四天王ではなく、イナリの神だった。また「枝に芽を生じさせたまえ」というこの願掛けは、旧約聖書の〝大祭司アロンの杖に生じた芽〟の話にそっくりであることも、興味深いことです。

アロンの杖に芽が生じたことは、神が共にいるというしるしだったのです（民数記一七・五～八）。玉造稲荷神社の伝承によると、聖徳太子がこうして願掛けをし、栗の木の枝を折って差し込むと、枝に芽が出たと言います。

聖徳太子の宗教思想は秦氏と同様だった

聖徳太子自身の宗教思想は、本当は何であったのでしょうか。それはおそらく、秦氏と同じ、あるいはそれに近いものであったでしょう。すなわち〝古代基督教的な神道〟です。

秦氏は、基督教信仰に日本の神道的形式を融合させた、独自な信仰スタイルを持っていました。それは秦氏創建の木島《このしま》神社にある「三柱鳥居」や、大酒《おおさけ》神社の「ウズマサ明神」などに見られる通りです。

聖徳太子は、冠位十二階、大嘗祭《だいじょうさい》、天皇の称号、日本の国号の制定などの功績を残しています。ここで注意すべきは、これらすべては国家の行政や、祭祀、神道に関する分野での業績だということです。

彼の理想は、決して〝仏教立国《りっこく》〟ではありませんでした。むしろ天皇を中心とする中央集権国家、つまり天皇を大祭司、あるいは「祭祀王《さいしおう》」とする神道国家を目指していたのです。

古代イスラエルにおいては、王と大祭司と呼ばれる人々があり、王もしばしば宗教的な事柄にたずさわる「祭祀王」でした。聖徳太子は、そのような国家を理想として胸に抱いていたと思われます。

秦氏も、「上に立つ権威」（ローマ人への手紙一三・一）を大切にした人々でした。景教徒もそうです。彼らは上に立つ権威に、尊敬を持って従いました。これがじつは、アジアにおいて景教の成功を、あるいは失敗をもたらしたのです。

祭祀王を中心とする政治形態は、古代イスラエルをはじめ、その後の東方基督教徒の間では普通のことでした。秦氏と同じように、聖徳太子の理念の中心は、そのような古代基督教的な思想に基づいていたと思われます。彼のすべての行動は、秦氏的な神道――基督教的神道理念のもとになされたようです。

実際、聖徳太子が建てたという四天王寺には、古来、神社の鳥居がありました。古記録にも、四天王寺に鳥居があったことが記されています。寺の片隅に鳥居がある形ではありません。寺の入口に古い様式の鳥居が立っていたのです。

一方、聖徳太子がつくり、自ら住んだ斑鳩宮《いかるがのみや》にも、鳥居があったことが知られています。斑鳩宮は六四三年に焼失し、今は法隆寺の一部となっていますが、最近の地下調査によって、そこに鳥居があったことを示す跡が発見されたと言います。

つまり、今は寺とされているこれらも、もとは神社だったのではなかったか、と思えてくるわけです。

また聖徳太子の寺と言われる法隆寺に、「伏蔵《ふくぞう》」と呼ばれるものがあります。伏蔵とは地中に埋められた蔵で、一種のタイムカプセルです。それにはこんな不思議な伝説が伴っているのです。

「この伏蔵は絶対に開けてはいけない。日本の仏教が滅ぶ日まで……」

日本仏教が滅びてからでなければ、伏蔵は開けるなという。あるいは、伏蔵に隠したものが明るみに出ると、日本仏教は滅びてしまうということでしょうか。そこには〝封印の古代史〟が隠されているのでしょうか。

聖徳太子の死後、太子の往生したという「天寿国《てんじゆこく》」のありさまを描いた刺繍画《ししゆうが》が、今も中宮寺《ちゆうぐうじ》（奈良県）に残っています。これは太子をしのんで、妃の橘 大郎女《たちばなのおおいらつめ》が秦氏の人・秦久麻《はたのくま》につくらせたものです。『天寿国曼陀羅繡帳銘《てんじゆこくまんだらしゆうちようめい》』と呼ばれる絵です。これを見れば、仏教以外の浄土観念が、そこに同居していることが明らかです。これについて研究した富山昌徳は、「『天寿国曼陀羅繡帳銘』は、疑いもなくイエスの天国をいうのではないかと思う」と書いています。聖徳太子が往生したという「天寿国」は、日本最古の浄土観念と言われています。この「天寿国」、すなわち「天国」が、のちの日本仏教の浄土観念に影響したことも考えられます。

仏教化された日本史

さらに、先に述べたように後世につくられた聖徳太子伝説には、聖書の物語からの借用と見られるものがたくさんあります。馬小屋で生まれたイエスに似せて、聖徳太子も馬小屋で生まれたとしていること。そのほか、たくさんあることを見ました。

聖徳太子の伝説や伝記はすべて、太子の死後何百年もたってからつくられたものです。それらは、聖徳太子を偉大な仏教者として描いているけれども、それを描くのにしばしば聖書の物語を借用している。

ここで見えてくるのは、聖書と関連する姿がじつは聖徳太子の実像であって、仏教者としての聖徳太子は虚像ではないか、ということです。

かつて聖徳太子は、その優れた理念によって、大きな成果を政治や社会事業においてあげていました。彼は諸氏族をうまくまとめ、自由と民主主義、信教の自由、人権、福祉と繁栄を、社会にもたらしていました。

しかしそこに、やがて仏教独裁が始まりました。天皇は殺され、天皇と共に働いた聖徳太子一族も闇に葬られ、抑圧と専制が取って代わりました。日本の歴史はすりかえられ、為政者に都合のよいように、書き換えられました。

そして聖徳太子も、仏教の大功労者に祭り上げられ、彼の実像は葬られてしまいました。しかし、そこに聖書の物語が借用されたのは、彼のことを表すのには聖書の物語が最もピッタリしたからではないか、と思われるのです。

かつて一六世紀、安土桃山時代に、会津《あいづ》の大名であった蒲生氏郷《がもううじさと》（一五五六〜九五年）は、高山右近《たかやまうこん》の伝道を受けて基督信者となった人でした。彼は洗礼名レオを名のるキリシタン大名でしたが、会津の仏教界では、熱心な仏教信者として宣伝されてきました。

また先に述べたように、光明皇后は景教に深く心酔した人でしたが、仏教側は単に終生熱心な仏教徒であったと伝えてきました。同じようなことが、聖徳太子にも起こったように思えます。

つまり、聖徳太子は秦氏と同様の基督教的神道の思想を持っていたが、仏教が日本の国教となった後世において、日本仏教の教主として祭り上げられた——そう思えるのです。

また、聖徳太子の聖人化に聖書の物語が用いられたことは、当時、聖書というものが日本に存在し、古代基督教徒が日本にいたことも意味します。日本は、仏教徒だけの日本ではなかったのです。

第9章

阿弥陀仏とユダヤのメシヤ

久保　有政

他力仏教は、自力仏教に対する深い失望感を背景に生まれた

日本の村々を歩くと、「南無阿弥陀仏《なむあみだぶつ》」の六字を刻んだ石碑の見あたらない地方はほとんどない、と言ってよいほどです。

念仏《ねんぶつ》宗の寺はもとより、路傍《ろぼう》にも、樹陰にも、幾つもの碑をよく見かけます。

南無阿弥陀仏の六字は、長い間、日本人の心に浸透してきました。現代ではそれを唱える者が少なくなったとはいえ、その「称名念仏《しょうみょうねんぶつ》」の心は日本人の精神に多くの影響を与えてきた、と言って過言ではありません。「阿弥陀仏」また「南無阿弥陀仏」とは、何なのでしょうか。

先に述べたように、その起源には、ユダヤに生まれた原始基督教との深いかかわりがあります。カシミールやネパールに伝わった基督教の影響をも受け、あるいはそれに対抗する形で、仏教徒の間に阿弥陀仏という〝救い主《メシヤ》的な仏〟が信仰されるようになったのです。

実際、阿弥陀信仰とキリスト信仰には、似たところがあります。しかし、まったく同じなのではなく、相違点も多くあります。そこで、阿弥陀信仰とキリスト信仰の関連性、およびその違いについて、比較宗教論的な検討を少し加えてみたいと思います。

それによって、仏教とは何か、基督教とは何かについて、多くのことがわかってくるに違いありません。

「南無《なむ》」とは、「私は帰依《きえ》します」の意味で、「南無阿弥陀仏」は、「私は阿弥陀仏に帰依します」「私は阿弥陀仏を信仰します」の意味です。

これを「念仏」、あるいは「称名念仏」と言います。こうして常に心に〝仏の名を念ずる〟ことにより、死後は極楽浄土に生まれることができると説くのが、念仏宗です。

念仏宗には、浄土宗（法然）、浄土真宗（親鸞）、時宗《じしゅう》（一遍《いっぺん》）、融通《ゆうづう》念仏宗（良忍《りょうにん》）があります。これらを「浄土門」とか「他力門」ということもあります。

仏教は、本来の形では――つまり教祖シャカの唱えたものは、自力仏教でした。日本にもはじめ自力仏教が入ってきたのですが、鎌倉時代頃になって、念仏宗、すなわち他力仏教が盛んになりました。

他力仏教が盛んになった背景には、自力仏教に対する深い失望感があります。

自力仏教というのは、「出家」して家庭や家族を捨て、すべての財産を捨て、経済活動や商売もやめ、一切の欲望を断って修行に専心するということですから、「凡夫《ぼんぷ》」と呼ばれる通常の人間にはなかなかできるものではありません。

それに、自力仏教の僧侶の中にはひどく堕落《だらく》している者がいて、隠れて愛人や財産をつくり、私腹を肥やしている者も少なくない状態でした。こうした自力仏教に対する深い失望感を背景に、凡夫であっても、すべての人はただ「南無阿弥陀仏」の念仏を唱えるだけで「極楽浄土」に往生できるという、他力仏教が広まったのです。

極楽浄土は「西方十万億土《さいほうじゅうまんおくど》」のかなたにあるとされています。「十万億土」とは、娑婆《しゃば》世界（人間界、地球）からその極楽浄土までの間に存在する、仏の浄土の数を示しているのです。つまり「西方十万億土」

とは、極楽浄土が、気の遠くなるほど遠くの西のかなたにある、という意味です。

これは、景教などの基督教で信じられている「天国」とちょっと違う点です。基督教では、天国は霊の世界であって物質界とは次元が違い、見えないものの、きわめて身近にあるとされているのです。

たとえば聖書に、預言者エリシャが自分の従者の霊的な目を開いて、自分たちのまわりを取り囲む天国をかいま見せた、という記事がありますⅡ列王記六・一七）。天国の人々は、ちょうど競技場を観客席から見守るように、地上の信仰者を取りまいて、見守っていてくれると聖書に教えられています（ヘブル人への手紙一二・一）。

このように基督教の「天国」は、見えないものの、遠くにあるわけではなく、きわめて近くを取り囲んでいるとされています。さらには、天国は私たちの「ただ中にある」とさえ言われています（ルカの福音書一七・二一）。これは、はるかかなたにあるとされる極楽浄土とは、対照的です。

阿弥陀仏は六四八億年前にひとりの人間だった

つぎに、阿弥陀仏とはどういう存在なのでしょうか。

彼はもとは、ひとりの人間でした。「無量寿経《むりようじゆきよう》」によると、彼は「一五劫《こう》」の昔に、ある国の国王でした。一劫は四三億二〇〇〇万年とされますから、「一五劫の昔」は、六四八億年前ということになります。

さて「一五劫の昔」――六四八億年前に一国の国王だった彼は、世自在王仏《せじざいおうぶつ》という仏の説法を聞き、翻《ほん》然《ぜん》と省《かえり》みるところがあって、王位を捨て、国土を去り、出家して名を「法蔵《ほうぞう》」と改めました。

このため、阿弥陀仏の前生（ふつうは「前世」と書くが、本書では意味を明確にするため「前生」を用いている）であるこの頃の彼は、「法蔵菩薩」と呼ばれています。「菩薩」とは、仏の候補生です。彼は志《こころざし》を立てて修行を積み、仏を讃《たた》え、悟りを願い、生死の苦の根を断とうと求めました。

彼は輪廻転生《りんねてんしょう》しながらも、「五劫」という長い間修行を積み、思索し、徳行に励み、ついにもろもろの「誓願」を起こすに至りました。その誓願とは、民衆を救い、浄土に導こうとする願いでした。そしてこの願いが満たされないなら、自分は成仏をせぬ、とまで誓ったのです。

いわゆる「正覚《しょうがく》を取らじ」、つまり悟りをなして仏にはなるまい、との決意です。その誓願は四八か条に及んだと言います。その第一八願が最も有名で、

「民衆が心から信心を起こして浄土に行きたいと願い、わずか十声でも私の名を唱えた場合、もしそれらの人々が浄土に生まれるようにできないのなら、私は仏にはなるまい」

というものでした。つまり人々が「南無阿弥陀仏」と唱えて浄土に生まれることができるようにならないなら、自分は仏になるまい、と言ったのです。これらの願をすべて言い終わると、大地は震え、天は妙華を雨ふらし、空中は妙音に満ちたと言います。経典は、彼の言った誓願は結局果たされ、実現したと言っています。こう記されています。

「法蔵菩薩は、今はすでに成仏して、現に西方におられる。ここを去ること十万億刹（十万億土）である。その仏の世界を名づけて、安楽界（極楽浄土）という」

このように法蔵菩薩の誓願は果たされ、彼はすでに仏になった。彼は輪廻から脱却し、今は極楽浄土に住んでいる。だから彼の誓願にあったように「南無阿弥陀仏」と唱えるならば、誰でも死後は浄土に生まれることができる——というのが、念仏宗の教えです。「阿弥陀経」にこう記されています。

「ここから西方十万億の仏土を過ぎると、極楽という世界がある。そこには阿弥陀仏という仏がおられる。今もおられて説法しておられる」

「彼の仏土をなぜ極楽というのか。その国の民には、苦しみがなく、ただもろもろの楽しみを受けているからである。それゆえに極楽というのである」

このように、法蔵菩薩は今から一五劫の昔に修行を始め、一〇劫の昔に成仏し、「阿弥陀仏」となって今も極楽浄土で説法している、とされています。彼は永遠的存在者となり、民衆の「救い主」となったというのです。

仏教においては、信仰の対象が歴史的事実であるか否かは重要視されない

こうした仏典の教えを、私たちはどう考えるべきでしょうか。

理性的な人なら、これを「おとぎ話」と思う人が多いに違いありません。こうした批判に対して、念仏信者はどう答えるでしょうか。念仏信者として著名な柳宗悦《やなぎむねよし》氏は、その著『南無阿弥陀仏』（岩波文庫）の中で、こう書いています。

「ここで、よく問いを受ける。法蔵菩薩とは架空の人物ではないのかと。そういう菩薩を描いて、何を意味しようとするのかと。……大乗のもろもろの仏典は、仏滅後（釈迦の死後）、長い期間に徐々に現われたものであるから、直下の仏説からは時が遠い。『是のごとく我れ聞きにき』と冒頭の句はいつも始まるが、それは決して仏の説法をじかに書きとったものではあるまい。……

阿弥陀如来の物語とても同じく創作で、歴史的な事実ではなく、かかる空想を元に宗教を立てることに、懐疑を抱く人も出よう。……（しかし）たとえ外面的な歴史としては架空と言われても、内面的な法の歴史としては、これより真実な説話はないともいえよう。……法蔵菩薩の説話は、歴史的な人物より、もっと真実なものを示そうとするにある……」

つまり、法蔵菩薩――のちの阿弥陀仏が、歴史的に実在したかどうかというのは重要ではない。重要なのは、法蔵菩薩の説話に示された〝内容〟であり、そこに示された〝仏法〟なのだ、という主張です。

ここに、仏教の体質、あるいは仏教の本質的な事柄が見えています。

仏教では、よく「信心」と言います。「信仰」と言うよりは「信心」と言い、一方基督教では、「信心」と言わず「信仰」と言います。

「信心」は「信じる心」と書き、〝心〟が重要視されています。信じる〝対象〟よりは、むしろ信じる〝心〟の方に重きが置かれているのです。一方、基督教の「信仰」は、「信じて仰ぐ」と書き、心もさることながら、信じて仰ぐ〝対象〟が非常に重要視されます。

仏教者の間では、阿弥陀仏の説話に限らず、それが歴史的事実であるか否かということは、あまり重要視されません。そうした信仰の〝対象〟よりは、信じる〝心〟のほうが大切だ、というのです。

ユダヤ教と基督教では歴史性を重要視する

これは、ユダヤ教および基督教との大きな違いです。ユダヤ教および基督教では、信じる心も重視されますが、信仰の対象の確実性が、非常に重視されます。

たとえばユダヤ教では、モーセが歴史的実在でも架空の人物でも、どちらに考えてもいいですよとは言いません。基督教でも、キリストが歴史的実在でも架空の人物でも、どちらでもいいとは言いません。両教は歴史性をとても重んじるのです。キリストの使徒パウロはまた、こう書きました。

「もしキリストがよみがえらなかったのなら、あなたがたの信仰はむなしく、あなたがたは今もなお、自分の罪の中にいるのです」（Ⅰコリント人への手紙一五・一七）

これは、たとえばキリストの復活がもし歴史的事実でないなら、キリストへの信仰はむなしく、意味のないものだと述べているのです。言い換えれば、もし歴史的事実でないなら、たとえその物語がいかに立派なものであっても、それを自分たちの救いの基盤として信じる必要はありませんよ、とまで言っているわけです。

しかしキリストの復活は歴史的事実であり、私たちの信仰はそれを土台にしているのだと、パウロは述べます。実際、初代教会の人々が激しい迫害を受けながらも、それに屈せず、大胆にイエスの復活と、イエスこそ救い主であることを宣《の》べ伝えたことはよく知られています。

彼らは自分たちを「イエスの復活の証人」（使徒の働き一・二二）と呼びました。またそれが、あの景教徒たちの持っていた信仰でもあったのです。

たとえば人は、ウソのために命をかけることができるでしょうか。できないでしょう。しかし初代教会の人々は、イエスの復活を宣べ伝えることに命をかけました。ローマの円形競技場でライオンにかみ殺されても、その信仰を捨てなかったのです。

イエスの十二弟子のほとんどは殉教《じゅんきょう》の死を遂げました。インドに行ったトマスやバルトロマイも、命をかけてイエスの復活を宣べ伝えました。景教徒たちもそうでした。私たちは、真実のものでなければ、決して自分の命をかけることはできないでしょう。

キリストと寝食を共にし、さらにキリストの死と復活を目撃した弟子たちは、みな、命をかけてキリストの復活を宣べ伝えました。それは、彼らが宣べ伝えた「イエスの復活」が、彼ら自身の目撃した事実であったからだと、基督教では考えます。

このように基督教には、信仰の対象の歴史的真実性を不問にふす、という考え方はありません。たとえそこに示された思想がどんなに魅力的であっても、もし事実でないなら、信じる必要はないと言うのです。

このように基督教は、歴史性を非常に重んずる宗教です。基督教にもユダヤ教にも、いわゆる「鰯《いわし》の頭も信心から」（鰯の頭でも信じたらご利益《りやく》がある）という考えはありません。信仰の対象は確実で、私たちの人生のすべてを懸《か》けるに値するものである必要があるのです。

人間の信じる心というものは、不確かです。それはしばしば揺れ動くもので、信と不信との間を行き来しやすいものです。しかし、信じる対象がしっかりしていれば、信じる心も、やがて確かなものとなっていくでしょう。

ですから信仰の対象の確実性というものは、ときに、信じる心以上に重要だと、ユダヤ人も基督教徒も考えます。信仰は、確実な信仰対象に引っぱられるかのようにして、その信じる心が成長していくものです。

愚に還って信じきる

一方、念仏宗に学ぶこともまた多々あると、私は思っています。念仏宗では信じる〝心〟を非常に重要視した結果、そこには信心に関する多くの深い思想が生まれました。その一つは、

「愚《ぐ》に還《かえ》って信じきる」

ということです。これは背伸びをせず、愚かな自分のありのままを認めて、信仰するということです。浄土宗を興した法然は言いました。

「私が習い集めた数々の知恵や知識は、往生のために何の役にも立つものではない」

法然は、自分を「一文不知《いちもんふち》の愚純《ぐじゅん》の身」と呼んでいます。自分が知者だと誇っても、何の益にもなりません。大切なのは自分の無知や、弱さや、愚かさを認めて、ひたすら信じることです。

浄土真宗を興した親鸞も、人は自分自身が罪悪のかたまりであり、迷える凡夫であると認めることが大切なのだと、言っています。信心はそこからスタートします。基督教でもユダヤ教でも、これはまったく

同様です。私たちは背伸びをせず、愚かなありのままの自分を認めなければなりません。使徒パウロは言いました。
「『キリスト・イエスは罪人《つみびと》を救うためにこの世に来られた』という言葉は、まことであり、そのまま受け入れるに値するものです。私はその罪人のかしらです。しかし、そのような私があわれみを受けたのは……」（Ⅰテモテへの手紙一・一五～一六）
パウロは自分を「罪人のかしら」と呼びました。これは、自分が罪悪のかたまりであることを認めた表現です。彼は自分の愚かさを、まったく正直に告白しました。
パウロはまた、自分の学歴や、知識や、家柄などを誇ることをやめ、それらをキリストのゆえに「ちりあくた」のように思っている、とも述べました（ピリピ人への手紙三・八）。自分はとるに足りない者であり、自分を生かしているのはただキリストである、との自覚に立ったのです。使徒ペテロも、キリストの神性を目《ま》の当たりにしたとき、こう言いました。
「主よ。私のようなものから離れてください。私は罪深い人間ですから」（ルカの福音書五・八）
このように、自分は知者だとか、優れた者だとか思うことをやめ、ひるがえって、ありのままの愚かな自分を認めること、その上でメシヤを信じきることが大切です。「愚に還り信じきること」なのです。こうしたことを思うと、親鸞の、
「善人なおもて往生をとぐ。いわんや悪人をや」（善人が極楽往生を遂げるなら、ましてや悪人が往生できないはずはない）
という言葉に対して、深い共感がわいてきます。聖書も、

「罪の増し加わるところには、恵みも満ちあふれました」（ローマ人への手紙五・二〇）
と述べています。私たちは、罪人であり、愚かな凡人であるからこそ救われるのです。

自力・他力の別を超える

また「自力・他力の別を超えて信心する」ということも、重要な事柄です。

念仏は、一般に「他力仏教」とされています。しかし、じつはそれをきわめていくと、単なる他力でも、また自力でもない念仏というものが、見えてくるのです。

念仏は本来、阿弥陀仏の他力によって救われる、というところからスタートしました。法然は、この阿弥陀仏の他力にたよって、できるだけ数多く「南無阿弥陀仏」と唱えれば往生できると説きました。しかし、よく考えてみると人間側が〝できるだけ数多く念仏を唱える〟ということには、まだ自力的要素が残っています。努力して、数多く念仏を唱えなければならないのです。

これが親鸞になると、念仏を唱え信心をすることも、じつは自分の行《ぎょう》ではなく、阿弥陀仏からたまわったものである、という考えになってきます。自分の意志で念仏を唱え信心しているようだが、じつはそれは阿弥陀仏がそう仕向けて下さったものなのだ、という考えです。

そこにはもはや、「自分」というものが消滅しています。そのため親鸞の宗教は、よく「絶対他力」と言われています。すべてを阿弥陀仏の働きと解するのです。しかし、「自分」が完全に消滅してしまい、自分の意志さえもなくなることが、本当の姿なのでしょうか。

この問題は、のちに一遍上人《いっぺんしょうにん》において解消され、より高度な形で説かれるようになります。彼は、人が仏に念仏するのではなく、また仏が人に念仏させるのでもなく、仏と人が〝不二《ふに》〟となって、念仏が自ら念仏すると説いたのです。

仏と人は、二つでありながら、もはや二つではなくなり、相通じて一つの念仏となるのです。彼はそれを次の歌に表しました。

「称《とな》ふれば　仏も吾《われ》もなかりけり　南無阿弥陀仏　南無阿弥陀仏」

南無阿弥陀仏と唱えるところには、「仏」も「私」もなくなり、自他は二つながらにして二つでなくなるというのです。自力は単なる自力ではなくなり、他力は単なる他力ではなくなり、自力と他力が相通じて、一つの力、一つの念仏となるのです。

『南無阿弥陀仏』の著者・柳宗悦氏は、これは念仏における究極の姿だと述べています。一遍はこうも言いました。

「自力他力は初門のことである。自他の位を打ち捨てて、唯一念仏になるべきである」

「自力他力を絶し、機法《きほう》（機は人の信心、法は阿弥陀仏の救いのこと）を絶する所を、南無阿弥陀仏というのである」

基督教は自力か他力か

こうした自力他力を超越した境地というものは、基督教においてもまた、最高の境地と言えるでしょう。使徒パウロは言いました。

「私はキリストと共に十字架につけられました。もはや私が生きているのではなく、キリストが私の内に生きておられるのです。いま私が、この世に生きているのは、私を愛し私のためにご自身をお捨てになった神の御子を信じる信仰によっているのです」(ガラテヤ人への手紙二・二〇)

パウロは、「キリストが私の内に生きておられる」と言っています。ではパウロ自身は生きていないのかというと、そうではなく、「いま私が、この世に生きているのは……」と言っています。パウロ自身も、生きているのです。

しかし生きているのは、もはやパウロの「古き人」(古い自分、自我)ではありません。「古き人」は、キリストと共に十字架にかけられて死んだのです。今生きているのは「新しい人」(新創造された自分)です。それは、「キリストが生きておられる」のであり、また同時に、「真の自分が生きている」のでもあるのです。

この「新しい人」において、〝私が生きることは(自分の内で)キリストが生きることであり、またキリストが生きることは私が生きることである〟という状況が実現しています。「私」も生き、キリストも生きておられるのです。私の内側でキリストが生きており、キリストの内側で私が生きています。

ここでは、自力は他力となり、他力は自力となっています。自他両力は不二となり、相通じて渾然一体《こんぜんいったい》となっているのです。これはある意味では、次のような状況に似ています。

左手の指に輪ゴムをかけ、それを右手の指で引っ張って、伸ばしたとしましょう。このとき、輪ゴムを張ったのは右手の力です。では右手の力だけが輪ゴムを張っているのかというと、そうではありません。輪ゴムは、左手と右手の両方から引っ張られているのです。右手の力は左手の力を引き出し、左手の力は、右手の力を有効にしています。そこではもはや左手の力、右手の力という別はなく、両者はただ一つの力となっているのです。

信仰も同様です。人は神の愛の力に引っ張られて、信仰の〝輪ゴム〟を張ります。しかしその信仰の輪ゴムを張っているのは、神の力だけによるのでも、人の力だけによるのでもありません。自他両力が一つとなり、渾然一体となっているのです。そうした状況に目覚めるところに、信仰の極致があります。

信仰はまた啐啄同時《そったくどうじ》の世界です。

たとえば、鶏が卵を抱いて二一日経つと、ヒヨコが生まれてきます。多くの卵を温めながら、鶏はどの卵がもうすぐヒヨコとして生まれてくるか、またどの卵がまだなのかを見分ける力があります。普通の人間にはわかりませんけれども、ヒヨコが生まれそうになると、鶏は外側から卵の殻をクチバシでつつきます。中のヒヨコも、もがいて、卵の内側から啄《ついば》んで外に出ようとします。

これが啐啄同時です。外側と内側の出来事が同時で、一つになっています。信仰も同様です。神の聖霊は、見えないかたちで外側から私たちの魂に「信ぜよ」と働きかけてきます。一方、私たちは自由意志で

「信じよう」とします。これら外側からの他力と内側からの自力とが、啐啄同時に一つに働く世界が信仰です。

それは単なる他力でも、単なる自力でもない。自他不二となった信仰の世界です。自分の中にキリストが生きており、キリストの内に自分が生きているのです。

キリストと自分が同じになるということではありません。両者の間には区別があります。しかし、自分のうちにキリストが生きていることを感じ取るようになります。そしてそれにより、自分が〝新しい自分〟になったと知るようになります。古い自分は過ぎ去り、キリストによる新しい自分を生きるようになる

――そこに信仰の極致があります。

第10章
仏教の「涅槃」と基督教の「永遠の生命」

久保　有政

仏教は輪廻からの解脱を目指した

インドで生まれた仏教と、ユダヤで生まれた基督教についてもっとよく理解するために、もう少し比較宗教論を進めてみましょう。

仏教の目指すもの、そして基督教の目指すものは、それぞれ何でしょうか。仏教と基督教が究極的に目指しているところは、じつはきわめて対照的です。

仏教は「解脱《げだつ》」して「涅槃《ねはん》」に入ることを目指した教えです。

なにからの解脱（解放）かといえば、「輪廻《りんね》」からの解脱です。「生死《しょうじ》輪廻」からの解脱とも言います。ですから「解脱」や「涅槃」について理解するには、まず輪廻説についてよく知る必要があります。

輪廻説によると、世界は限りない大昔から存在していた、とされています。

たとえば仏教の経典には、シャカは人間界に初めて現われた仏ではなく、第七番目の仏であると書かれています（過去七仏の思想）。そして第六番目の仏と第七番目の仏との間には、じつに「一八〇劫《こう》」の歳月が流れている、と述べられています（法華経・化城喩品《けじょうゆほん》）。

「一劫」は、仏教学者によると、四三億二〇〇〇万年という長大な期間だそうです。四・三・二と、続き数字だから覚えやすいでしょう。または、

「一六〇キロメートル立方の大きな岩があって、これを三年ごとに一回だけ天人の羽衣でなすり、ついにその岩が摩滅し尽くすまでの期間」

であると仏典に説明されています。もし一劫を四三億二〇〇〇万年として計算すると、「一八〇劫」は七七七六億年になります。仏教は、そんな大昔に人間や、人間社会が存在したとしているのです。ほかにも、仏典にはあちこちに、「考えられないほどの幾千万億劫の昔」に存在したという、人間世界のことが述べられています。

仏典に記されているこうした数字の前では、進化論者の言う宇宙の年齢「一五〇億年」という膨大な数字でさえ、色あせてしまいます。なにしろ仏典は、宇宙も地球も人間社会も、何千億年、何兆年、いやもっともっと前から〝今のような姿でずっと存在していた〟としているのですから。

さて輪廻説によると、生命は次の六つの世界の間を、永遠の昔から永遠の未来にかけて輪廻転生《りんねてんしょう》し続けています。

① 地獄（罰の世界）
② 餓鬼《がき》（飢餓《きが》に苦しむ亡者の世界）
③ 畜生《ちくしょう》（愚かな獣、動物界）
④ 修羅《しゅら》（怒れる魔類、怪物の世界）
⑤ 人間（人間界）
⑥ 天人《てんにん》（天の住人の世界、神々の世界）

これらのうち人間界と畜生界は、私たちも直接肉眼で見て知っている世界ですが、ほかの四つの世界は、仏教における想像の世界です。

　さて生命は、これら六つの世界を永遠に輪廻転生し続けるというわけですが、インド人はこれらはどこも〝苦しみ〟と考えました。

　「地獄」が苦しみというのは、すぐわかるでしょう。地獄に行った者は、一番短い場合でも「一兆六二〇〇億年」もの間苦しまなければならないのだそうです。

　また「餓鬼」「畜生」「修羅」なども、あまり楽な世界ではなさそうです。

　「人間」世界にも、やはり多くの苦しみがあります。生老病死《しょうろうびょうし》の苦しみをはじめ、愛別離苦《あいべつりく》（愛する者と別れる苦しみ）、怨憎会苦《おんぞうえく》（憎い者と会う苦しみ）、求不得苦《ぐふとくく》（求めて得られない苦しみ）、五陰盛苦《ごおんじょうく》（煩悩の苦しみ）など、「四苦八苦《しくはっく》」と呼ばれる様々な苦しみに満ちています。

　最後の「天人」の世界は、様々な快楽が満ちていて、最も苦しみの少ない世界です。しかし、苦しみがないわけではありません。仏教の天人には、死があるのです。天人は、最も寿命の短い者でも、「九〇〇万年」の寿命が約束されていますが、いずれ必ず死にます。

　そしてまた、輪廻の世界のどこかに生まれなければなりません。その意味で仏教の「天」は、永遠の生命の世界である基督教の「天国」とは、大きく異なっています。

輪廻の生存は苦痛

輪廻説によると、生命は生まれ変わり・死に変わりを繰り返して、六つの世界を、いつまでもグルグル回り続けなければなりません。今人間界で生きている人間も、やがて死ねば生前の「業《ごう》」（行為）に応じて、これら六つの世界のいずれかに、生まれ変わらなければなりません。

ですからインド人にとって、生きていることは即、輪廻することでした。そして彼らは、これをたいへんな〝苦痛〟と考えていました。それはそうでしょう。どこの世界へ行っても苦しみがあり、それらの世界を、ただ永遠に行き来しなければならないのであれば。

彼らにとって、生存は即、苦痛でした。このことは、仏教の本質を理解する上できわめて重要です。人々は輪廻の世界に〝また生まれてきてしまったこと〟そして死ねば〝また何かに生まれなければならないこと〟を、苦痛と感じたのです。彼らは結局、生存そのものから解放されたい、と願いました。

自殺をしてもダメです。またどこか別の世界に、生まれ変わってしまうでしょう。彼らにとって、「生存」とは牢獄のようなもので、きわめて逃れ難いものだったのです。そこで人々は何とか、もはやどの世界にも〝生まれなくてすむ者となる〟ことを願いました。いつの日か輪廻の束縛から解放されて、「二度とこの世に生を受けない者」（法華経）になることを、願ったのです。仏教初期の経典『スッタ・ニパータ』にも、

「二度とこの世に戻ってくるな」

と書かれています。これが「生死輪廻からの解脱」ということなのです。

仏教は生存からの脱却を目指した

仏教は、輪廻の世界からの解放、生存そのものからの解放を目指しました。仏典には、こう書かれています。

「深く思いこみ、物事に固執《こしつ》する原因は、自己の生存である。自己の生存の原因は、この世に生まれること（生）である。この世に生まれたがゆえに、老とか死とか、憂いとか、悲しみとか、苦しみとか、不快とか、悩みとかが、一緒に生じるのだ」（法華経）

つまり苦しみの原因は、自分がこの世に生まれてきたことだ、というわけです。

では、どうしたらこの苦しみと、苦しみの原因である生存から解放されるのでしょうか――シャカは、苦と生存から解放されるためには、すべてのものに対する〝執着心《しゅうちゃくしん》〟を断つことだと、教えました。

〝この世界のすべての事象は移り変わるもので、実体を持たない「空《くう》」だから、それを悟って執着心を捨てよ。執着心を捨てて、欲望を断ち切るとき、自分を輪廻の世界に生まれさせている「業《ごう》」は消滅する。そうすれば輪廻の生まれ変わり・死に変わりから解放されて、生存から解放される〟と。仏典にはこう書かれています。

「深く思いこむ心（執着心）さえなければ、自己の存在は問題とならず、自己の存在を否定すれば、（輪廻の世界に）生まれることがなくなる。そして生まれることがなければ、老いも死も、憂いも、悲しみも、苦しみも、悩みも、すべてなくなるのだ」（法華経）

このように、原始仏教は、生そのものを否定することを目指しました。もはや輪廻の世界に生まれることがなければ、苦しみからも解放されるのだと教えたのです。したがって、「悟り」を開いて執着心を捨てた者には、もはや〝生まれ変わる〟ということがありません。

「聖者（仏）には輪廻は存せず、彼はもはや生まれ変わることがない。聖者の身体は、永遠の昔からの輪廻の過程における最後の身体であり、これは最後の生涯である。いまや再びのちの生存に入ることがない」（長老の詩）

と仏典は記しています。「仏」は、「もはや生まれ変わることがない」のです。シャカが「仏」になったのであれば、シャカはもう輪廻転生することはありません。

最近、新興宗教の一つで「幸福の科学」というのがあって、その教祖に大川隆法《おおかわりゅうほう》という人がいます。彼は数多くの本を出版し、自分は「シャカの生まれ変わり（再誕）である」と主張しています。

しかし、本来の仏教の考え方からすれば、シャカは決して生まれ変わらないのです。仏教の求めたものは輪廻の生存からの脱却であり、シャカは「もはや生まれ変わらない者」になったと信じられたからです。「解脱」は、二度と生命を受けないことであり、二度と生存に戻らないことです。輪廻の〝輪〟から脱出することです。たとえて言うなら、ひもの先につけられてグルグルと回転していた石が、ひもが切れて飛んでいき、宇宙空間にまで行って自由になったようなものです。

仏教では、執着心・欲望・煩悩《ぼんのう》という〝ひも〟を断ち切れば、生死輪廻の世界から解脱して、いわゆる「涅槃《ねはん》」に入れる、と説くのです。「涅槃」とは、解脱した状態のことです。

「涅槃」について、仏教界には二つの解釈があります。

一つは、喜びも悲しみもない絶対的静寂《せいじゃく》（絶対の無の状態）という解釈です。これがおそらく、オリジナルの考えだったでしょう。実際、「涅槃」と訳されたサンスクリット語ニルヴァーナは、〝吹き消された状態〟という意味の言葉です。ちょうど、〝強風に吹き飛ばされて消え去った火炎〟と同じように、「涅槃」は、生命の炎が吹き飛ばされて消え去ってしまうことです。もはや〝存在〟としては数えられないことです。ですから、ある日シャカは、

「（涅槃に入って）滅びてしまった人は、存在しないのでしょうか。あるいは永遠であって、損なわれないのでしょうか」

と尋ねられて、こう答えています。

「（彼には）それを測る基準が存在しない。彼を『ああだ、こうだ』と論ずるよすがが、彼には存在しない。あらゆる事柄がすっかり絶やされ、あらゆる論議の道は、すっかり絶えてしまったのである」（スッタ・ニパータ）

つまりシャカは、「涅槃」とは輪廻の生存の外側へ脱することなのだから、通常の〝有無〟の次元で、「涅槃に入った人は存在するか、しないか」などと問うことはできない、としたのです。「涅槃」とは、輪廻から脱して、生命に関するすべての事柄が絶やされてしまった状態のことなのです。

しかし、涅槃に「何もない」では、あまりに味気ないということで、後世になると涅槃には喜びがある、という解釈も生まれました。これが「涅槃」の第二の解釈です。

しかも、しだいに涅槃は、あたかも基督教で言う「天国」と同じようなイメージさえ、与えられていったのです。涅槃は「浄土」とか「仏国土」などの言葉と結びつき、そこには歓喜、幸福、永遠の生命がある、とされました。大乗仏教は、この解釈に立った教えです。

しかしこうした考えは、本来の仏教的考えというより、後世になって付加された考え、または変質した教えというべきでしょう。初期の仏典を調べるかぎり、涅槃は、生命に関するすべての事柄が絶やされた絶対的無を意味します。

仏教は元来、生死輪廻からの解脱を目的として起こりました。それは生存の外側への脱却を目指して、起こったのです。

基督教の救いとは神の大いなる生命の中へ参加すること

仏教のこうした考え方に対して、基督教の考え方は、きわめて対照的です。

基督教においては、生を否定しようとする考えはありません。生存から解放されたいとか、もはや何にも生まれなくてすむようになりたいとか、そのようには考えません。

むしろ、基督教は徹頭徹尾、「生命」に固執します。どこまでも、生命を求めていくのです。キリスト者は、本当の生命、充実した生命、永遠の生命を求めます。

これは輪廻説に立つ仏教と、「創造論」に立つ基督教の違いでしょう。

基督教においては、世界や人間は、創造されたものです。永遠の昔から存在していたわけではありません。世界にも人間にも、始まりがありました。これを「創造論」と言いますが、最近科学者の間で「科学的創造論」というものが唱えられています。その詳細は、拙著『創造論の世界』（徳間書店刊）に詳しく解説していますので、それをご覧いただければと思います。

基督教の考えでは、現在の私たちの生も、初めての生であって、前生というようなものがあったわけではありません。さらに死後はまた何か動物とか、他の人に生まれ変わるとかいう、輪廻転生説は信じません。

この生は、神から自分に与えられた大切な生とされます。私たちは、この生を神から預けられ、管理しています。ですから与えられた生を、とことん大切にしようとします。「もはや何にも生まれなくてすむようになることを願う」のではなく、むしろ、この世に生を受けたことを感謝します。

したがって基督教は、生存からの脱却を目指しません。むしろ現在の生命に使命を与え、生存に愛と、清さと、躍動と、喜びと、永遠性を与えることを目指します。これはユダヤ教も同じです。

基督教は、私たちが無へ脱却することではなく、神の大いなる「永遠の命」の中へ入ることを目指すものです。生命の外へ行くのではなく、大いなる生命の躍動の中に帰入《きにゅう》することを、目指します。

ただしユダヤ教では、「永遠の命」ということはほとんど言いません。その概念がまだ明確でないのです。ユダヤ教では、現在の生を最大限に生きることを目指します。「永遠の命」という概念は、キリストによって初めて入れられたものです。そのため基督教では、永遠の命の躍動と輝きの中に入ることが目指されます。

仏教の「涅槃」が〝何もない宇宙空間に飛び出す〟ことにたとえられるとすれば、基督教の「永遠の生命」は、むしろ、生命の大海に帰入することです。その大海は、水ではない生命と光に満ちた海であって、そこに入った者は、愛と、力と、歓喜と、清さと、尽きぬ平安に満たされるのです。

また「涅槃」が〝強風に吹き飛ばされて消滅した火炎〟にたとえられるとすれば、神の「永遠の命」は、むしろ、消えることなく燃え続け、輝き続ける〝永遠のエネルギー体〟にたとえられるでしょう。それは、旧約聖書に出てくる〝燃えていたのに焼け尽きない柴《しば》〟（出エジプト記三・二）に似ています。

預言者モーセは、シナイ山においてこの「柴」を、神によって見せられました。それは燃えているのに、いつまでたっても焼け尽きませんでした。これは神の永遠の生命、またモーセや、クリスチャンたちに与えられる永遠の命を象徴していたのです。「永遠の命」は、光と熱と愛に大いに躍動しています。

仏教の「涅槃」には、私はやはり、ネガティブなものしか感じられません。しかし神の「永遠の命」は、大いに躍動しています。

基督教の説く「救い」は、神の大いなる永遠の生命の中へ、私たちが参加することです。私たちが大いなる永遠の生命の中へ取り込まれ、その愛と、清さと、喜びと、尽きない幸福にあずかることなのです。

そしてそれが、あの景教徒たちの信じていたことでもありました。

永遠の生命とは何か

ここで少し「永遠の命」について考えてみましょう。人々の中には、「永遠に生きられるとしても、何の良いことがあるだろうか。退屈なだけではないだろうか」という人もいるに違いありません。しかし、新約聖書の説く「永遠の命」は単に〝いつまでも生きる〟という生命ではありません。自分の内に喜びと幸福の源泉を持っている生命は、いつまでも生きることによって退屈したり、空しくなったりすることは決してありません。

たとえば、私たちがプレゼントをもらう――うれしいでしょう。しかしそれもそのときだけで、やがてうれしさはどこかへ消えてしまうでしょう。また、念願のマイ・カーを持てた――そのときはうれしいでしょう。しかし何年かたってくると、汚れてきて、エンジンの調子は悪くなり、スタイルも旧式になってしまい、「えい、ポンコツめ」ということになるでしょう。

なぜ、このようなうれしさは長続きしないのでしょうか。それはそのうれしさや幸福感が〝外部〟のものに依存しているからです。プレゼントも、マイ・カーも、みな自分の外部のものです。そのほか、あらゆる財産や、恋人、ひいては名声なども、すべて自分の外部のものです。

しかし〝内部〟に喜びと幸福の源泉を持っている生命は、いつまでも生きることによって、生きることに飽《あ》きてしまったり、退屈したりすることはありません。永遠の生命とは、そのような生命なのです。永遠の生命の本体である神は、自身の内に真の愛と、清さを備えているので、永遠に生きることによって退屈したり、空しくなったりすることはありません。

太陽が自らの内に光源を持っているように、永遠の生命は、自らの内に幸福の源泉を持っているのです。私たちはどうしたら、永遠の生命にあずかることができるのでしょうか。イエス・キリストは言いました。

「永遠のいのちとは……唯一のまことの神であるあなたと、あなたの遣わされたイエス・キリストとを知ることです」(ヨハネの福音書一七・三)

キリストは、永遠の生命は神とキリストとを「知る」ことにある、と教えました。神とキリストを真に「知る」なら、その人は「永遠の生命」にあずかることができると。

この「知る」は、聖書においては単に頭の中で知識として知ることではなく、相手と自分が、深い関係に入ることを意味します。それは自分の全存在をあげて、相手とかかわることです(創世記四・一、マタイの福音書七・二三)。

ですから神とキリストを「知る」とは、神およびキリストと、自分が、深い関係に入ることにほかなりません。自分の全存在をあげて神とキリストにかかわり、その〝愛と生命の交わり〟の中に生きることです。

つまり、私たちが「信仰」によって、神とキリストに結ばれることだ、と言えます。もし天地の造り主である神を信じ、神から遣わされた救い主キリストを信仰するなら、その人はすでに神およびキリストとの〝愛と生命の交わり〟の中にいると、聖書は言います(Iヨハネの手紙一・三)。

永遠の生命は、その交わりの中にあります。その交わりが、永遠の命です。

永遠の命は、現在の世においては、信仰によって小さな種《たね》のように信者の魂に宿っています。しかしやがて来たるべき世（神の国）においては、全面的に開花することになるでしょう。これを基督教では「復活」と呼んでいます。

基督教で言う「救い」は、私たちが神とキリストの持つ「永遠の命」の大海に帰入することなのです。

第11章

仏教の「修行」と基督教の「贖い」

久保　有政

仏教では長大な期間の修行を積まなければならない

仏教では「修行して、欲望などの煩悩を断ち切り、仏になる」と言い、一方、ユダヤで生まれた基督教では「キリストの贖《あがな》いによって罪と滅びより救われ、神の子とされる」と言います。ある人々は、これについて、

「どちらも人間の究極の幸福を目指しているのだし、表現が違うだけだ」

と言います。しかし、はたしてそうでしょうか。これら二つの考え方には、大きな違いがあります。仏教と、ユダヤで生まれた基督教の、もう一つの大きな違いについて考えてみましょう。

仏教は、「人が仏になる」ための教えです。

「仏」とは〝真理を悟った者〟であり、また〝輪廻《りんね》の生まれ変わりから脱した者〟を言います。映画などで、刑事がよく死んだ人のことを〝ホトケ〟と言っていますが、これは「仏」の元来の意味ではありません。

仏教では、「仏になる」方法として、おもに「自力仏教」と「他力仏教」の二種があります。

自力仏教の代表は「禅」、他力仏教の代表は「念仏」と思えばよいでしょう。

自力仏教では、自ら修行して煩悩（執着心や欲望）を断ち、悟りを開いて仏になろうとします。本来の

仏教は、このような仏教です。

自力仏教では、この世界のあらゆる事物は移り変わるもので、実体を持たない「空《くう》」だから、それを悟って、すべてのものに対する執着心や欲望を断ち切れ、と教えます。そうすれば「涅槃《ねはん》」の境地に入り、仏になれるのだと。

もちろん、悟りを開いたり、執着心・欲望を断つためには、たいへんな修行がいります。そこで修行者は一般に「出家」をしなければなりません。出家者は、家庭生活を離れ、妻子・親・兄弟との生活を捨て、一切の性生活を断ち、生産活動や金銭を扱う生活から離れなければなりません。

では、そうやって一生懸命に修行をして、どのくらい修行を積めば、悟りを開けるのでしょうか。一朝一夕では無理でしょう。仏典には、人が「仏になろう」と決心してから成仏するまでの期間は、じつに、

「三《さん》阿《あ》僧祇《そうぎ》百《ひやく》大劫《だいこう》」

だと記されています。「三阿僧祇」とは、仏教学者によると、3×10の59乗という数字だそうです。「百大劫」は八〇〇〇劫と同じで、一劫＝四三億二〇〇〇万年ですから、これはなんと約一兆年のさらに10の61乗倍を意味します。これは天文学でもほとんど出てこないような、とてつもない数字です。

またはもっと控えめに、

「三劫」（一二九億六〇〇〇万年）

だという仏典もあります。数字の上ではずいぶん違いますが、長大な期間という点では同様です。

いずれにしてもたいへんな期間です。仏典にはそんなに長い間、一心に修行を積まなければ決して仏になれない、と記されているのです。けれども、

「シャカは二九歳の時、王宮を出て求道生活に入り、六年後には悟りを開いて、仏になったではないか。いったいいつ、彼がそんなに長い修行を積んだというのか」

という疑問を持つ人もいるでしょう。しかし、仏教は輪廻説に立っている、ということを思い起こしてください。シャカは何度も何度も過去において生まれ変わりながら、前生（前世）で長いあいだ一心に修行を積んできたと、仏教では考えているのです。そしてついに悟りを開いて、仏になったのだと。

ですからもし仏教の考え方で行けば、あなたが先ほど述べた長大な期間の修行を、すでに前生で終えているとすれば、あなたは今生《こんじょう》を最後に仏になれるでしょう――もっとも前生というようなものが、本当にあったとしての話ですが。

しかし、もし「仏になろう」と決心したのがつい最近のことであれば、あなたはまだ当分の間、仏にはなれないことになります。

密教では「即身成仏」を言うが……

ここで自力仏教に関連して、仏教のもう一つのかたち――「密教《みっきょう》」について見ておきましょう。

密教は、七世紀頃インドに生まれた宗派で、日本には空海（九世紀）が伝えました。密教は、自力的要素の強い教えですが、他力的要素も多少含んでいます。

本来の仏教的な考え方でいくと、人が仏になるためには、途方もない期間の修行が必要です。そのため

後世になると、

「もっと早く仏になれないものか」

という願いが、人々の間に起こってきました。そこで生まれたのが、「即身成仏《そくしんじょうぶつ》」（この身のままで成仏する）を説く密教です。これは、〝至高の仏（大日如来《だいにちにょらい》）と合一する〟ことによって成仏しよう、という教えです。

密教では、宇宙の中心に「大日如来」と呼ばれる〝絶対仏〟がいる、と考えています。この仏は〝真理そのもの〟であるような仏で、雄弁に人々に仏法を説いている、とされています。

しかしその説法は、いわば〝宇宙語〟でなされています。私たちが聴いてもわかりません。ですから大日如来の教えは、「秘密仏教」――「密教」と呼ばれるのです。

大日如来の説法を私たちが理解するには、まずその〝宇宙語〟を勉強し、心を研ぎ澄まして聴く必要があります。そうすれば、私たちは大日如来の説法を理解できる、というわけです。

このように〝絶対仏〟である「大日如来」は、真理そのものを身とする宇宙の実在者とされており、〝絶対神〟である基督教の「神」に幾つかの点で似かよっています。

はじめ無神論的であった仏教は、密教においては完全に〝有神論〟に変わっているのです。

さて密教では、修行者が、大日如来に合一することによって成仏することを、目指します。自分の身《しん》・口《く》・意《い》を通じて、大日如来に合一しようとするのです。

修行者は、大日如来と同じ指の組み合わせで示される印を〝手〟に結び、大日如来と同じ真言《しんごん》を〝口〟に唱え、〝心〟を大日如来と同じ悟りの境地に置きます（身・口・意の三密《さんみつ》）。

こうした人間側の懸命な努力が、大日如来の慈愛に満ちた反応を呼び起こす、と期待されているのです。この修行によって修行者の身・口・意は、大日如来の身・口・意と合体・融合して、仏と合一し、成仏するとされます。

こうして人は「この身このままで」成仏できる、と密教は説きます。何億年とか何兆年もの歳月をかけずとも、現世において、父母から受けたこの身のままで、すぐにでも成仏できる、とするのです。これが、「即身成仏」の思想です。

密教では、即身成仏を説くために、有神論的な教理を持つようになりました。言い換えれば、有神論にならなければ、〝この身このままで救われる〟という教えは、生まれてこないのです。密教が成立した時期が、ちょうど景教が南アジア、東アジアに入ってきた頃と同じである、ということにも注意して下さい。また〝人が大日如来と合一する〟という考えは、哲学史を学んだことのある人ならすぐ気づくように、「神秘主義」の考えと同じです。

基督教の歴史の中でも、かつて神秘主義が流行したことがありました。人が神と合一するという考えです。もっとも神秘主義は、基督教では異端として退けられました。

人は神に近づくことはできるけれども、神と人との間には、やはりどこまでも区別がある、とするのが聖書的基督教の立場だからです。神は人を抱擁し、愛してくれますが、神と人が融合・同一化することは、決してありません。神は人に近づいてくれますが、人が神性を持つことはないのです。

基督教の歴史において、神秘主義はやがて衰退していきました。言葉では〝神と合一する〟と言っても、そのようなことは、実際には到底あり得ないからです。

宗教的な感情の高まりによって、自分がそのような体験をしたと思い込むときがあっても、ふと目覚めてみれば、再び罪深い人間である自分の現実に舞い戻ってしまうのです。

他力仏教にも本当は「修行」が必要

つぎに他力仏教を見てみましょう。

他力仏教の代表は念仏で、阿弥陀仏の他力によって極楽浄土に生まれ、成仏できる、という教えです。成仏するには、「南無阿弥陀仏《なむあみだぶつ》」と、念仏を唱えるだけでよいとします。

では、念仏を唱えれば、修行がまったくいらないのでしょうか。信心さえあれば、修行を全然しなくてもよいのでしょうか。いいえ、そうではありません。仏教解説家ひろさちや氏によれば、念仏の考え方は次のようなものです。

① まず私たちが、「南無阿弥陀仏」（私は阿弥陀仏に帰依します）の念仏を唱える。

② すると阿弥陀仏（宇宙のはるか西方にいる仏）が、私たちを死後に極楽浄土（阿弥陀仏の住む仏国土）に生まれさせて下さる。

③ 次に極楽で、阿弥陀仏の指導のもとに修行する。

④ そうすれば、きっと悟りを開いて仏になれる。

つまり他力仏教の考え方は、自力で仏になるのはあまりにもたいへんであるし、現世での修行は誘惑が多いから、修行を先に延ばしてまず極楽浄土に行き、そこで修行して仏になろう、というものです。極楽に行くことは手段であって、目的は、そこで修行して仏になることです。極楽は環境が良いでしょうから、そこで心おきなく修行ができて、あとは必ず仏になれる――それは間違いないでしょう。現世ではただ阿弥陀仏にすがって、念仏を唱えれば、やがては必ず仏になれる……。

そこで浄土真宗を開いた親鸞（一三世紀）になると、①と②だけを説いて、あとは言いません。極楽に生まれさえすれば、仏になれるのは間違いないわけですから。

日本人の中には、①と④をいきなり結びつけて、

「念仏を唱えれば仏になれる」

と理解している人も多いことでしょう。しかし、本当は他力仏教の中にも「修行」という考えがあることを、忘れることはできません。

基督教の考え方

つぎに、基督教の考え方を見てみましょう。「修行」を説く仏教に対し、基督教では、人間は修行や自分の努力では決して救われない、と説きます。

聖書によれば、罪の性質は人間の本性《ほんせい》にまで及んでいます。それは外面についている〝埃《ほこり》〟のようなものではありません。また、修行によって取り去られるものではありません。たとえ、私たちが自分の心と

体を何千回、何万回とゴシゴシ洗っても、決して本性に巣くった罪の性質まで洗い落とすことは、できません。

あるいはこうも言えます。修行によって救われようとすることは、ちょうど底なし沼にはまった人が、自分の力でもがいて、そこから抜け出そうとするようなものです。

彼は、自分の力で沼の中から飛び上がろうとすれば、抜け出ることができるでしょうか。いいえ、かえって沼の中に、はまり込んでいくでしょう。彼は、誰か沼の外にいる人に助けてもらうしかありません。

また修行を積み、善行を積むことによって救われようとすることは、ある人が上から垂らされた〝鎖《くさり》〟を、自分の力でよじ登っていくことにも似ています。その鎖の〝一つ一つの輪〟は「神の律法」(神の教え)、あるいは善行です。彼は、善行を積み上げ、神の律法を一つ一つ守っていくことによって、その律法の鎖をよじ登っていくのです。

彼は運よく、頂上に達することができるでしょうか。鎖があまり長くないなら、達する人もいるかもしれません。しかし鎖が長かったら、どうでしょうか。彼の体力はもつでしょうか。あるいは、鎖の輪がもし一つでも切れたら――律法の一つでも破る行為を彼がしたなら、彼はたちまち奈落《ならく》の底に転落してしまうでしょう。聖書は言っています。

「すべての人は罪を犯した」(ローマ人への手紙三・二三)

「義人《ぎじん》はいない。ひとりもいない」(同三・一〇)

自分の力で律法の一つ一つを完全に全うし、長い律法の〝鎖〟を登りきることのできる人は、ひとりもいません。私たちは、自分の力で鎖を登ろうとするのではなく、天から差し出された力強い腕に、つかまればよい、というのが聖書の教えることです。

この天からの腕こそ、神と人との間の仲介者であり私たちの救い主であると聖書が教える、イエス・キリストの差し出された腕です。私たちがその腕につかまりさえすれば、キリストは私たちを難なく天にまで引き上げて下さる、と基督教では教えます。

そこで、〝キリストによる贖《あがな》い〟について、次に見てみましょう。

キリストによる贖い

キリストは、永遠において神より生まれ出た神の御子《みこ》であり、父なる神（ヤハウェ）と一体の救い主であると聖書は教えます。

彼は今から二〇〇〇年前に肉体の姿をとり、ユダヤのベツレヘム町に降誕しました。それはキリストが、神と人との間の〝橋渡し〟をするためでした。キリストの降誕は、あらかじめ旧約聖書に預言されていました。紀元前八世紀に記された旧約聖書のミカ書には、こう書かれています。

「ベツレヘム・エフラテ（ベツレヘムの古名）よ。……あなたのうちから、わたし（神）のために、イスラエル（イスラエル民族、および「第二イスラエル」である基督教会をさす）の支配者になる者が出る。その出ることは、昔から、永遠の昔からの定めである。……彼は立って、主（神）の力と、彼の神、主の御名の威光によって群れを飼い、彼らは安らかに住まう。今や、彼の威力が地の果てまで及ぶからだ」（ミカ書

また、彼が十字架にかかって槍《やり》で突かれることも、預言されていました。

「彼ら（ユダヤ人）は、自分たちが突き刺した者、わたし（キリスト）を仰ぎ見……」（ゼカリヤ書一二・一五・一二〜四）

○　紀元前六世紀の預言

さらに、十字架の死の意味も予言されていました。

「彼（キリスト）は、私たちのそむきの罪のために刺し通され、私たちの咎《とが》（罪）のために砕かれた。彼への懲《こ》らしめが私たちに平安をもたらし、彼の打ち傷によって、私たちはいやされた。……主（父なる神）は、私たちのすべての咎を彼に負わせた」（イザヤ書五三・五〜六　紀元前八世紀の預言）

イエス・キリストは清く、罪がありませんでしたが、私たちの代わりとなって人々の罪をその身に負い、身代わりに十字架上で死んで裁きを受けて下さった、というのが聖書の教えです。神は、積もり積もった私たちの罪咎《つみとが》をすべてキリストに負わせ、キリストはそれを私たちのために背負って下さったと、教えています。

これを基督教では、「贖《あがな》い」と呼んでいます。贖いとは〝代価を払って買い戻す〟という意味で、キリストの命が、私たちを神のもとに回復させるための代価となったのです。

旧約聖書を読むと、様々の動物犠牲（いけにえ）に関する律法や、神殿で動物犠牲を捧げたという記事に出会います。これは基督教では、キリストの十字架上の贖いの「予型《よけい》」であった、と考えています。「予型」というのは、「予言」（預言）が言葉によって未来のことを指し示すのに対し、出来事や物事によって未来のことを指し示すことを言います。旧約聖書には、そうした「予型」がたくさんあります。

古代イスラエルの人々は毎年毎年、エルサレムの神殿で、自分たちの罪の贖いのために動物犠牲を捧げました。人々はそのたびに、「血を流すことなしには、罪の赦《ゆる》しはあり得ない」という神の教えを、心に刻み込まれたのです。

そういう時代がある程度あって、そののちにキリストが降誕し、十字架の贖いの死を遂げました。つまり、古代イスラエルの動物犠牲の儀式自体に贖いの力があったのではありません。連綿と続けられた動物犠牲による贖いは、未来に来る贖いの本体——キリストの十字架の贖いを指し示す予型でした。

キリストの贖いの死は、ただ一回で永遠の力を持つものだったと聖書は教えています。そのために、基督教ではもはや動物犠牲をしません。それはすでに完全な贖いがキリストを通してなされたとみなされるからです。

信仰による救い

もう一つ、基督教では〝信仰による救い〟を説きます。

私たちが神の御子キリストを自分の救い主として信じ、彼に従っていくなら、神は私たちの罪を赦し、義と認め、「永遠の命」と「神の子としての特権」を下さると聖書は教えます。

キリストの贖いという「恵みのゆえに」、それを受け入れる「信仰によって」私たちは救われたのだ、と聖書は述べます。キリストの贖いという恵みが救いの源泉であり、信仰はその救いを受け取るパイプです。さらに、こう述べています。

「(救いは)行ないによるのではありません。……私たちは神の作品であって、良い行ないをするためにキリスト・イエスにあって(新しく)造られたのです」(エペソ人への手紙二・九～一〇)

私たちは、善行によって救われるのではない、というのです。なぜなら、善行によるなら、人は完全でなければいけませんから、救われる者はひとりもいなくなってしまうからです。

善行は救われるための〝条件〟ではなく、むしろ救われた〝結果〟です。基督教の考え方では、救われるために善い人間になろう、と修行するのではありません。救われたから、善い人間になろうと努力できるのです。また救われたから、善い行ないができるようになります。善行や品性は、あとからついてくるものです。

私たちは、良い人間であれば神の子とされるのではありません。たとえどんなに悪いことをしたことのある人間であっても、悔い改めて救い主キリストを信じ、従って歩むようになれば、すべての罪を赦され、義と認められ、神の子とされ、永遠の命に入ります。

人は、善行・修行・努力によって救われるのではなく、キリストの尊い血潮によってあらわされた贖いを受け入れる「信仰」によって救われる、というのが聖書の教えなのです。

信仰とは、神の贖いの恵みを素直に受け入れ、それに信頼する心です。また神の教えに従って、ついていく姿勢です。神の側の「恵み」と、私たちの側の「信仰」とが相即応して、私たちは救われる、と聖書は教えます。

では、基督教においては、私たちは「いつ」救われるのでしょうか。何億年、何兆年というような途方です。人は信仰によって今、救われるのです。いいえ、人は信仰によって今、救われるのであって、いつの日か、輪廻転生《りんねてんしょう》して、やっと救われるのでしょうか。いいえ、人は信仰によって今、救われるのです。人は、永遠に救われるために、今救われなければなりません。

「今は恵みの時、今は救いの日です」（Ⅱコリント人への手紙六・二）

神とキリストを信じるなら、その場で即、救われると基督教では教えます。ありのままでよいのです。罪に汚《けが》れたままでよいのです。聖書を読んだことがなくてかまいません。自分を飾ってはいけないのです。むしろ神の前に心を裸にして、清めていただくことが必要だと基督教では教えます。

信じたその日が、その人の第二の誕生日です。キリストはこう約束しました。

「わたしのことばを聞いて、わたしを遣わした方（神）を信じる者は、永遠のいのちを持ち、さばきに会うことがなく、死からいのちに移っているのです」（ヨハネの福音書五・二四）

信じたその日に、すでに「死（滅び）から、いのち（永遠の生命）に移っている」と言われています。私たちはこの身、このままで神の子とされます。

基督教では、私たちは「自力仏教」のように、はるか未来において救われるのではありません。救われるために「密教」のような神秘主義になる必要もありません。また他力仏教のように、現世を厭《いと》い捨てて、極楽での修行を望むのでもありません。

救い主キリストを心に信じるなら、キリストの十字架の血潮のゆえに今までのすべての罪を赦《ゆる》され、神の前に義と認められ（義認）、きょう救われる――それが基督教の教えです。私たちは「永遠のいのち」に生まれ、「神の子」（ヨハネの福音書一・一二）とされます。そして来たるべき「新しい世」（神の国）を継ぐ資格が、与えられます。

私たちはこの世では、ただ神と隣人を愛し、聖書の教えに従って生きていけばよいのです。その人生には、豊かな報いが用意されています。神はその人を、この世で、また来たるべき世で、豊かに祝福されるでしょう。人生は、神と共にある幸福を享受《きょうじゅ》するためにあると、基督教は教えます。

一方、ユダヤ教ではどうでしょうか。ユダヤ教では、イエスをメシヤ（キリスト）とはまだ信じていません。ユダヤ教と基督教の違いはそこにあります。イエスをメシヤと信じるのが基督教なのです。

したがってユダヤ教には、キリストを通して救われるとか、キリストによって天国に行ける、祝福されて神の子とされるという考え方はありません。ユダヤ教では、旧約聖書の律法に従って生き、また「タルムード」というユダヤ人賢者たちの知恵によって生きるなら、力強く神の祝福を受けて生きることができると教えます。

第12章

仏教の「家庭生活」とユダヤ教・基督教の「家庭生活」

久保　有政

小乗仏教では家庭を捨てなければ仏になれない

インドで生まれた仏教と、ユダヤ教、基督教とでは、「家庭生活」に関する考え方が大きく違います。どのように違うのでしょうか。

仏教には、大きく分けて、いわゆる「小乗仏教」と「大乗仏教」があります。

小乗仏教は、大乗仏教の成立以前からある仏教です。大乗仏教は、小乗仏教を批判する人々が、後に興した仏教です。

小乗仏教はおもに東南アジア方面に広まり、大乗仏教は、中国や日本等に広まりました。

最初に、小乗仏教の「家庭生活」に対する考え方から見てみましょう。小乗仏教は、「出家主義」の仏教です。

「出家」は、文字通り「家（家庭）を出る」ことです。家庭を捨てて、父母、妻子を捨てて、ただ独りになって、修行に専念するのです。ですから出家者は、結婚はできません。また結婚していたとしても、妻子を捨て、別れなければなりません。

「出家」は、すべての家庭生活、性生活、またすべての経済行為、商売や生産行為を捨てることを意味します。仏教初期の経典である『スッタ・ニパータ』には、こう書かれています。

「この世のものはただ変滅するものである、と見て、在家にとどまってはならない」
「子を欲してはならない。友人はもちろんである。犀《さい》の角のように、ただ独り歩め。交わり（家庭生活・結婚生活等の交わり）をしたならば、愛情が生じる。愛情にしたがって苦しみが生じる。愛情から災いの生じることを観察して、犀の角のようにただ独り歩め」

つまり家庭生活を営むなら、様々の愛情が生じ、執着心が生じ、それが苦しみを生み出すから、涅槃《ねはん》に至ることはできない。だから、草原を悠然と歩くサイの角のようにただ独り歩み、家庭生活をせず、子もつくらず、修行に専心して執着心を捨てよ。そうすれば輪廻の生存から脱して仏になれる、というのです。

このように小乗仏教は、出家した者だけが救われる可能性を持っている、という教えです。家庭生活を営む者には、仏になる可能性はないのです。

ただ、仏になる可能性がまったくないのかというと、そうでもありません。

仏教は輪廻転生説《りんねてんしょう》に立っていますから、仏教によれば人間は「来生」（来世）で、また別の者に生まれ変わることになります。もしこの世で善行を積み、出家者を経済的に支援したりして功徳《くどく》を積むなら、きっと来生で良い環境に生まれることができるでしょう。そして自分も、今度は出家者として修行できるかもしれません。そうすれば救われる可能性も出てくる、というわけです。

その意味では、在家者にも救われる可能性はあると言えます。しかし、結局は出家して家庭生活を放棄しなければ救われない、という原則に変わりはありません。

これが、大乗仏教成立以前の、仏教の考え方です。

大乗仏教では〝家庭生活を営むにもかかわらず〟仏になれる

一方、大乗仏教の考え方はどうでしょうか。

小乗仏教が〝家庭生活を捨てなければ仏になれない〟という教えであるのに対し、大乗仏教は〝家庭生活を営むにもかかわらず仏になれる〟という教えです。

シャカの死後数百年たって、紀元頃になると、旧来の小乗仏教の出家主義に不満を覚え、「在家」の者も救われる可能性はないものかと模索する人々が、多くなってきました。彼らは新しい仏教を展開し、経典をつくり、大乗仏教を興しました。

大乗仏教は、在家の者も仏になる可能性がある、と説きました。彼らの考え方を、ある仏教家は次のように説明しています。

誰も登ったことのない山に登るには、最初は登山の専門家が登る必要があります。ちゃんとトレーニングを積んだ登山家が、きちんと装備をして、人跡未踏《じんせきみとう》の山に登ります。

最初のうちは失敗もあるでしょうが、そのうちに誰かが成功して、先鞭《せんべん》をつけてくれるでしょう。そうすると、あとから登る者は、ずっと楽になります。この〝登山の専門家〟が、「出家者」なのです。

ところが出家者たちは、自分の登山ばかりに専心していて、いっこうに登山の素人たち（在家信者）のことを、考えようとはしませんでした。本来なら在家信者も登らせるために、地図をつくったり、山小屋を建てたりすべきなのに、それをやろうとはしなかったのです。

つまり、大乗仏教が小乗仏教に対して投げかけた批判は、こうです。

教祖シャカは、まず出家者を山に登らせました。そして出家者が、あとで在家信者も登れる道を開くよう期待しておられたのに、彼らはそれをしようとはしなかった――小乗仏教は自分本意の独善的思考に陥ってしまって、シャカの根本精神を忘れてしまった、と大乗仏教徒は批判したのです。

そして、大乗仏教こそシャカの本来の意図に立ち返ったものであり、出家者ばかりでなく、在家の者も登山できるようになった教えなのだ、と主張しました。こうして、在家の者も仏になれるとする教えが、生み出されたのです。

なお、小乗仏教という名は、大乗仏教側が投げかけた貶称《へんしょう》（けなし言葉）です。小乗仏教徒自身は、もちろん自分たちの仏教を「小乗」などとは呼びません。「上座部仏教《じょうざぶ》」と呼んでいます。

上座部仏教の人々（小乗仏教徒）は、大乗仏教に対して、鋭い批判を寄せています。

その第一は、大乗仏教が「非仏説《ひぶっせつ》」である、ということです。大乗仏教は、シャカの死後何百年もたってから出てきた新興宗教であって、シャカの説いた教えではない、という批判です。

第二は、大乗仏教の考え方だと仏教は堕落してしまうということです。

現に東南アジアのお坊さんたちは、日本の僧侶の多くが妻帯しているのを見て、顔をしかめています。じつは、結婚している僧侶のいるのは、日本だけなのです。

日本の僧侶の中には、平安時代頃から、すでに人に隠れて妻帯したり、妾《めかけ》を囲ったりする者たちがいました。しかし仏教に身をささげた人々――空海《くうかい》、最澄《さいちょう》、道元《どうげん》、日蓮《にちれん》、源信《げんしん》、法然《ほうねん》などは、生涯を独身で通しました。

一三世紀になると、僧侶として初めて親鸞（浄土真宗の開祖）が、堂々と妻帯しました。以来、日本では僧侶の妻帯が広まり、明治以後になると、あらゆる宗派にわたって僧侶が結婚するようになったのです。

サンスクリット語で「僧侶」といえば、本来は出家した人をさします。しかし日本では、僧侶も在家にとどまるようになりました。これは上座部仏教の人々の目から見ると、仏教の「堕落」なのです。

しかし日本の僧侶たち自身の弁によれば、彼らは在家にとどまって仏教を信奉することにより、〝たとえ在家であっても〟仏になる可能性があるのだ、ということを自ら示そうとしている、ということになるわけです。

ユダヤ教、基督教は家庭生活の完成を目指す

つぎに、基督教やユダヤ教の考え方を見てみましょう。

小乗仏教は〝家庭生活を捨てなければ救われない〟という教えでした。大乗仏教は〝家庭生活を営むにもかかわらず救われる〟という教えでした。

しかし、基督教ではむしろ〝家庭生活の完成〟を目指します。これはユダヤ教でも同じです。

基督教もユダヤ教も、この世における生活や「家庭」に、重大な意義を認めるのです。神がアダムに、エバを与えたのは、「夫婦」をつくるためでした。神が人を男と女に創造したのは、両者の間に「家庭」

をつくるためでした。「家庭」は、神がつくりました。聖書にはこう書かれています。

「男はその父母を離れ、妻と結び合い、ふたりは一体となるのである」(創世記二・二四)

「それで、もはやふたりではなく、ひとりなのです。こういうわけで、人は、神が結び合わせたものを引き離してはなりません」(マタイの福音書一九・六)

このように「父母」、また男女の「結婚」や「夫婦生活」は、すべて神によって創造されたものです。そのためクリスチャンは、結婚や家庭生活には大きな意義があると主張します。

もっともクリスチャンの中に、生涯にわたって結婚せず、独身を選ぶ人がいないわけではありません。カトリックの神父やシスターなどは、生涯独身で通します。彼らは、自分たちの場合は、家庭を持たずに独身者として神に仕えた方が、さらに良い奉仕ができると考え、自発的にそうしているのです。家庭生活の大切さを否定しているわけではありません。

一方、プロテスタントの牧師や伝道者の場合は、一般に自ら結婚をして、家庭を持ちます。彼らは、家庭をつくることが自分たちにとっても大切であると考えて、そうしているのです。どちらの場合も、自発的な意思と、自由な考えによるものです。家庭生活を大切にするということでは、カトリックもプロテスタントも変わりありません。

景教の場合は、大主教は独身が多かったようですが、大主教以外の指導者に独身制はなく、結婚していました。ユダヤ教のラビにも独身制はありません。ラビは結婚している必要があるのです。

基督教でもユダヤ教でも、家庭は神の豊かな祝福の宿り得る場である、と考えます。麗しい健全な家庭をつくることは、クリスチャンにとってもユダヤ人にとっても一つの大きな目標です。

クリスチャンは、夫婦の完成は神・男・女の三者が互いに愛によって強く結ばれ、いわば〝三位一体《さんみいったい》〟になることにある、と考えています。

また、家庭の完成は、神・親・子の三者が、お互いに愛によって強く結ばれ、〝三位一体〟になることにある、と考えます。家庭の完成は、神が人を創造された目的の一つです。基督教は、家庭の放棄ではなく、むしろそれを完成させるべきことを説くのです。

「家庭」は、人類存続の基本単位です。家庭なくして、どうして人類があり得ましょうか。真の宗教は、家庭という最も基本的な生活の場にこそ、永続的な幸福を追求するものでなければならないと、基督教では考えます。家庭は、幸福の獲得を妨げるものではなく、人間として一つの基本的な幸福を建設し得る場であると、基督教でもユダヤ教でも考えるのです。

幸福な家庭を築く

基督教およびユダヤ教で言う「幸福な家庭」について、もう少し詳しく見ておきましょう。

家庭は、夫婦関係と、親子関係から成り立っています。しかし家庭の基本となるのは、やはりまず夫婦でしょう。

基督教もユダヤ教も、男女関係や夫婦関係について、両極端の考え方を嫌います。

一方の極端は、「男尊女卑《だんそんじょひ》」の考えです。封建制のように女性を〝地位の低いもの〟と見る考え方に、聖書の宗教は賛成できません。夫も妻も、神の御前に人間として対等です。妻は夫の〝所有物〟ではありません。夫の〝しもべ〟でもありません。

もう一方の極端は、行きすぎた女性解放運動です。すべての男女差別を撤廃すると称して、〝女性らしさ〟まで見失ったような考え方をしてしまうと、これは行きすぎです。

不当な女性差別は、撤廃しなければなりません。しかし、男女は同権でも、必ずしもすべての分野で同業である必要はありません。男には男らしさを生かす場があり、女には女らしさを生かす場があるはずです。要は男も女も、自分の能力と個性を最大限に生かせる場に自分を置くことが、最も良いのです。

夫婦の場合も、男は夫として男らしさを発揮し、女は妻として女らしさを発揮することが望ましくあります。基督教およびユダヤ教は、両極端の考えを排し、夫婦は人間として対等だが役割は異なっている、と考えます。

夫は、家庭の〝大黒柱《だいこくばしら》〟です。一家を支える者です。しかし大黒柱だけあっても、壁や窓や屋根がなければ、家は出来ません。それを考えれば、大黒柱・壁・窓・屋根は、みな対等の存在です。

夫婦も同じです。夫は家庭の「大黒柱」であり、妻はその「助け手」(創世記二・一八)です。しかし、両者がそろわなければ家庭にならないことを考えれば、両者は対等の存在なのです。

異なっているのは、役割です。両者は、それぞれの役割にふさわしい自覚を持つべきです。夫は一家の大黒柱としての自覚を、妻は助け手としての自覚を、確実に持つべきでしょう。

夫は、家庭の精神的支柱として、その責任を果たさなければなりません。家庭をかえりみずに身勝手なことばかりして、家族を悲しませてはいけません。

また妻は、家庭に潤《うるお》いを与える「助け手」として、女性らしさを役立てるべきでしょう。わがままを通して、夫を悲しませないことです。夫と妻は、主にあって協力して、家庭を築き上げるのです。

ですから、夫と妻はお互いに尊敬し合わなければなりません。夫が妻を「助け手」として尊敬せず、妻が夫を「大黒柱」として尊敬できないようになると、そこに家庭の不幸が始まるのです。

聖書は、夫および妻に対して、次のように諭しています。まず夫に対しては、

「妻を自分のからだのように愛さなければなりません」（エペソ人への手紙五・二八）

と言われています。エバがアダムの「骨の骨、肉の肉」（創世記二・二三　口語訳）であるように、妻は夫の「骨肉」なのです。妻を「自分のからだのように」愛さなければなりません。

妻を〝自分の体から造られた者のように〟愛するのです。妻とふたりだけの時間を大切にし、会話を持ち、触れ合い、心を通わせることが、なによりも必要です。妻に対しては、

「妻たちよ。あなたがたは……自分の夫に従いなさい」（エペソ人への手紙五・二二）

と言われています。妻は、神によって夫と「一心同体」（同五・三一）になった者として、夫に従うべきです。女中のようにではなく、自発的な「助け手」として夫と意思を一つにし、悲喜を共にし、家庭を支えていくのです。

夫婦間において最も大切なのは、お互いの尊敬と理解、そして最後に、忍耐です。

一方、子どもたちに対しては、こう言われています。

「あなたの父と母を敬え」（出エジプト記二〇・一二）

「主にあって両親に従いなさい」（エペソ人への手紙六・一）

さらに、両親に対しては、自分の子を「〝主からの授かりもの〟」(創世記四・一五参照)と認識して、子を、「主の教育と訓戒によって育てなさい」(エペソ人への手紙六・四)と教えられています。これらすべては現代基督教、景教、ユダヤ教すべてに共通する考えです。

離婚をどう考えるか

つぎに「離婚」について考えてみましょう。

基督教では、離婚は罪(神の教えに対する離反)の一つ、と考えられています。しかし離婚を単に罪と考えるだけでは、離婚家庭の不幸は解消しません。

現在、離婚率が最も高いのは、アメリカとロシアです。統計によるとこれらの国々では、結婚した夫婦の約半数は離婚に終わる、とのことです。日本はこれらの国に比べると、まだ率が低くあります。しかし率が低いからといって、必ずしも日本の家庭が、それらの国の家庭より幸福であるとは言えないでしょう。離婚に至らなくても、家庭内の不和のために、自分は幸福な結婚生活を送っていないと感じている人々は、きわめて多いと思われます。

基督教会は、これまで離婚に対して、概して〝予防〟的な働きをなしてきました。しかしこれからは、それだけでは足りないでしょう。現実に離婚に至ってしまった人々が、社会に増えてきているからです。

離婚を予防するのが基督教なら、離婚に至ってしまった人々を温かく包み込むのも基督教であるはずです。現在の基督教会は、この認識がまだまだ欠けているように思えます。

「罪」は、離婚だけではありません。離婚した人が、離婚していない人より「罪深い」とは言えません。神は離婚を嫌いますが、離婚してしまった人々をも、愛しています。基督教は罪人《つみびと》を裁くためにあるのではなく、罪人を生き返らせるためにあります。

これからの基督教会は、幸福な結婚生活を送るにはどうしたらよいかを説くだけでなく、不幸なことに離婚に至ってしまった人々が、いかに幸福な生活に立ち戻れるかをも、真剣に考えるべきでしょう。

聖書の中に、キリストが、五回も離婚歴のあるサマリヤ在住の女に対して、真の幸福にいたる「いのちへの水」の話をした、という記事が載っています（ヨハネの福音書四・一四）。キリストは彼女を断罪《だんざい》したのではなく、真の幸福に至る方法について説いたのです。

その結果、彼女は信者となり、その喜びを町の人々に話さずにはいられないほどになりました。これからの基督教会は、そのような豊かな包容力を身につけるべきでしょう。

もちろん、離婚がないのに越したことはありませんから、基督教会は、離婚への予防力と、離婚男女への包容力の双方を持つべきなのです。

基督教、ユダヤ教においては、生涯でひとりの良き伴侶を持つことが、やはり理想です。若いときから神にあって、幸せな結婚生活の築き方を学ぶことがなにより大切なことだと言えるでしょう。

第13章

仏教の「死後観」とユダヤ教・基督教の「死後観」

久保 有政

高くつく仏教の葬儀

最後に、仏教の死後観と、ユダヤ教、基督教の死後観との違いについて見てみましょう。

「日本人の多くは、生まれると神社に宮詣でをし、結婚は基督教式で行ない、葬式は仏教式でする」とよく言われます。これは欧米人などが聞くとたいへん驚くことなのですが、ともかく日本人は宗教というものを、都合よく使い分けているようです。

日本人は死ぬと、大半の人は仏教式の葬儀を行なっています。僧侶を呼び、お経をあげてもらい、焼香をします。お経をあげるというのは、死んだ人が今後きちんと仏道修行をして成仏できるように、その死んだ人に対してお経を読み聞かせているのです。

また仏教の葬儀では、死んだ人に「戒名《かいみょう》」を授けます。「○○居士《こじ》」「○○大姉《だいし》」などの名です。この「戒名の値段」がバカになりません。日本全国の平均だと五一万円、一番戒名代の高いのが東京で、平均一〇一万円もするそうです（日本消費者協会資料）。しかも、それ以外にも仏教式の葬儀では僧侶へのお布《ふ》施《せ》などもあって、相当の費用がかかります。

あるクリスチャンが、こうした仏教の葬儀を見て「ぼくはクリスチャンでよかったよ」と言っていましたが、そう思えるのもわかります。基督教の葬儀には虚礼はなく、費用も格段に安く済むからです。また天国の希望にあふれています。

日本人はどうも、多額のお金をかければ、いい供養《くよう》ができるものと錯覚しているのではないかと、思ってしまうことがあります。寺の方も、そういう日本人の感覚を利用しているように思えてなりません。

実際、戒名は、世界の仏教国の中でも日本だけで行なわれている特異な風習です。仏教発祥の地であるインドにも、そのような風習はありません。日本以外の仏教国――タイ、スリランカ、ミャンマー、カンボジア、ベトナム、中国、韓国にも、戒名などというものは存在しません。

それは日本仏教界の発明なのです。

またその日本でも昔は、戒名は、生きているときに出家・得度《とくど》した者――受戒《じゅかい》（戒律を守ることを誓うこと）を済ませて仏道修行に入った人だけに、与えられるものでした。在家の者に戒名が与えられるというような風習はありませんでした。もちろん、死んだ者には与えられませんでした。

それがどういうわけか、今では在家の者に、しかも死んだ者に与えられています。死んだ者のために、遺族が有料で買うというシステムになってしまっています。また、戒名としてつける名前の称号によってランクがあり、それによって値段も違うという有り様です。

基督教では、カトリックなどで「洗礼名」というものがあります。景教にもありました。しかし、これはお金で買えるものではありません。洗礼を受けて、イエスの弟子となったしるしに与えられるものです。

僧侶は葬式にかかわるなとシャカは教えた

じつは仏教の原点であるシャカの時代には、僧侶が葬儀にかかわることは、シャカ自身によって禁じられていました。ところが多くの日本人は、このことを知りません。

シャカは、僧侶は葬儀にかかわるな、と言ったのです。東京大学名誉教授であり、仏教学の大家である中村元博士《なかむらはじめ》は、『ブッダ最後の旅』（中村元訳　岩波文庫）の訳注の中で次のように述べています。

「正しい目的のために努力せよ——仏教の修行僧は、自分の修養につとめることだけをせよ。葬儀などやるな、という思想は原始仏典聖典にまま散見するが、ここにも現われている」

シャカはまた、自分自身の葬儀でさえ、在家の者たち（一般の人々）に執り行なわせました。シャカの葬儀には、僧侶はひとりも登場しませんでした。シャカは戒名だの回忌法要《かいきほうよう》だのといったことも、まったく説かなかったのです。中村元博士は述べています。

「釈尊《しゃくそん》（シャカ）は、仏道修行途上にある僧侶が葬儀にかかわることによって、僧侶が権威化され、腐敗・堕落し、仏法本来の教えが歪められることを、一番恐れた」（一九九三年三月一六日付『長野日報』）

ですから、今日の日本仏教がシャカの説いた本来の仏教からいかに遠いものであるかは、葬儀一つとってみてもよくわかります。このことから今や仏教徒たち自身が、「日本の仏教界は葬式仏教に堕《だ》してしまった」と嘆いているのです。

中国に敦煌《とんこう》という所があります。その地は、かつては仏教の都として栄えた大都市でした。しかしそこから出土した文書（敦煌文書）には、当時の僧侶たちが人々に権威をふりかざし、供養（お布施）などの形で財産を信者から搾取《さくしゅ》していた様子が記されています。それはまさに取れるだけ取るというものでした。敦煌の僧侶たちは、半年五〇パーセントもの高利貸さえ行ない、それによって暴利をむさぼることもしていました。また、期限までに支払わないと利息は一〇〇パーセントになり、払えないとそれを保証人から剝《は》ぎ取るという横暴ぶりだったのです。しかし、このように腐敗した仏教界に覆われていた敦煌は、やがて滅びました。今は廃墟となり、流砂《りゅうさ》に埋もれています。

日本でも、とくにキリシタン禁制が始まった頃から、仏教界の堕落は目をおおうほどになりました。仏教の僧侶は特権階級になったため、ほとんどが利をむさぼる者たちになり下がったのです。水戸光圀《みとみつくに》は、当時の仏教界についてこう批判しています。

「近頃は、僧侶といえば葬式が仕事になっている。彼らが檀家《だんか》の死をもって利を得ているに至っては、まさに法滅《ほうめつ》の相《そう》が現われているとしか言いようがない」

また江戸前期の儒学者・熊沢蕃山《くまざわばんざん》もこう書いています。

「近頃はキリシタンの御法度《ごはっと》以来……坊主たちは昔と違って、戒律を守ることもしない。ただキリシタンでないというだけで気安く世を貪っている。肉食や女犯《にょぼん》（淫行）をすることは一般の人たち以上だ」（宇佐問答）

世俗化は宗教をダメにする

しかし、世俗化が宗教をダメにするのは、仏教でも基督教でも同じです。基督教でも、堕落して世俗化した教会は醜悪なものとなりました。

その代表が中世のカトリック教会です。中世のカトリック教会は政治権力と結びついたため、腐敗した体質に傾きました。中世の教皇たちの横暴ぶりは有名です。なかには立派な教皇もいたのですが、多くはキリストの面汚《つらよご》しをするような悪人ばかりでした。

なぜこんなことになってしまったかというと、教皇が権力を持ちすぎたために、教皇という強大な権力の座を手に入れることが、悪人の目標となってしまったからです。悪人は権力を欲しがります。それで当時、教皇庁では賄賂《わいろ》が横行し、聖職売買が日常的に行なわれる有り様でした。

強欲な人々が聖職の座につき、ついには悪人が教皇の座にまで登りつめてしまったのです。つまり、教皇が堕落したというよりは、堕落した人間が教皇の座についてしまったのです。また教皇以外の聖職者たちも、特権階級となったためにひどく世俗化し、堕落した生活を送る者が多くいました。

中世の教皇はまた、人々から富を搾取するために、悪名高い「免罪符《めんざいふ》」と呼ばれるものを販売するようになりました。免罪符とは、それを買えば自分のあらゆる罪が赦《ゆる》されると宣伝されたもので、教皇はこれを売って大儲《おおもう》けをしたのです。

それに猛然と反対したのが、宗教改革者マルチン・ルターや、ジャン・カルヴァンたち（一六世紀）でした。彼らはこれは聖書の教えに反すると述べて、宗教改革運動を起こしました。その流れを汲んでいるのが、プロテスタントです。

またプロテスタント運動が盛んになったとき、カトリックの内部でも、カトリックにとどまりながら宗教改革を推し進めた人々がいました。こうして、そののちカトリック自身も自己変革を遂げ、今日に至っています。

景教は、このような政治権力との結びつきをほとんど経験しなかったので、カトリックのような堕落は見られませんでした。政治権力との結びつきや世俗化は、どんな宗教をもダメにします。

葬式を通して仏教は日本人に定着した

仏教は「葬式仏教」となったとき、ひどく世俗化し、堕落しました。それを嘆く声は、今日の仏教界からもあがっています。しかしそれでも、私は今日の「葬式仏教」を見て、一つ教えられることがあります。

今日、日本人の大多数の人は、死ぬと仏教式の葬儀を執り行ないます。ところが、仏教は基督教と同様、もともとは「外国の宗教」だったのです。それはインド生まれの外国の宗教です。なのにどうして、日本人は死ぬと仏教式で葬儀をするのでしょうか。

たしかに、結婚式なら最近の日本人は基督教式でする人も多いのですが、人間の人生観、宗教観や、生死に関する考え方が最も強くあらわれるのは、やはり結婚式よりもお葬式です。私は、仏教が外国の宗教ではなく「日本人の宗教」として浸透し得たのは、お葬式を通して、という面があったのではないかと思うことがあります。

日本人は、ふだんは無宗教と言っていたような人であっても、死ぬと仏教式の葬儀を頼む人が多いようです。寺も、故人がたとえ仏教徒でなくても、頼まれればお葬式をしてくれます。ところが、今日の日本の基督教会はどうかというと、信者でなかった人のお葬式をすることには、あまり関心がないようです。人々も、クリスチャンだった故人のお葬式を基督教会に頼むことはあっても、信者でなかった人のお葬式は基督教会にはほとんど頼んでくれません。基督教会は、残念ながら一般の人々の葬儀に無関心であることによって、日本の仏教が葬式仏教となることを助長しているように思えてならないのです。

基督教会は、欧米でみられるように、信者以外の方からも、死んだときにはお葬式を頼まれるぐらいに身近に感じてもらうようにならなければ、日本人の間に基督教を浸透させることはできないだろうと、私は思っています。

基督教が「日本人の宗教」になるには、基督教の葬儀が一般化するようになる必要もあるでしょう。もっとも、そのとき戒名だの供養料だのと言って、葬儀が金目当ての商売になったら、それは堕落以外のなにものでもありません。

日本人は、先祖を無視しては信仰に心を開きません。

先に私は、景教（東方基督教徒）の人々が、かつて中国や日本にたくさんやって来たと述べました。佐伯好郎博士によれば、この景教の特色の一つは、しばしば死者のために慰安の祈りを捧げたことでした。

彼らはしばしば、死者の上に、神の恵みによる取り扱いがあるように祈ったのです。彼らはそれを、敬虔《けいけん》な信仰生活の一環として、常日頃から行なっていました。

そして彼らは、葬式というものをとても大切にしたのです。

輪廻は希望か

つぎに、仏教の死後観と、基督教、ユダヤ教の死後観とを比較してみましょう。

仏教では、先の章で述べたように、この世で真の悟りを開き、一切の煩悩《ぼんのう》と欲望を絶った者は、肉体の死後「涅槃《ねはん》」（無余《むよ》涅槃）に入ります。これは、輪廻転生《りんねてんしょう》の世界を超えた究極の境地です。「涅槃」には、それは絶対的な無だという解釈と、そこには喜びがあるという解釈の二つがある、ということも述べました。

一方、この世でこの状況にまで達しなかった通常の人々は、死後は、再び輪廻転生を繰り返すことになります。

ある人々は、この「輪廻」という観念の中に、漠然とした救いや希望を抱いているようです。ある日本人は、自分がなぜ輪廻転生を信じるようになったかについて、次のような体験談を語りました。

彼の兄は精神分裂症で、しばしば凶暴になりました。それは弟である彼にとっても、耐え難い重荷でした。彼の父も、二〇年以上もの間ひたすらその分裂症の兄と向き合うのみの人生を送ったすえに、亡くなりました。

そして日本の精神病医療、および精神病患者とその家族に対する法律や、社会の現状をかんがみるとき、まず初めに出てきてしまう感情は「なぜ俺がこんな目にあわねばならないのか」ということばかりであったといいます。

今生《こんじょう》においてどう考えても何も悪いことをした憶えはないのに……。しかし、もし輪廻転生による来生（来世）というものがあるとすれば……、ということで彼は輪廻を信じ、望みを抱くようになったというのです。

その気持ち自体は私もよく理解できます。たしかに、人は輪廻説を超える幸福な死後観を知らない限り、輪廻に望みを置くよりほかありません。しかし、輪廻転生によって別の生に生まれ変わることは、はたしてそのような望みに価するものでしょうか。

その吟味のために、一つわかりやすい例があります。それは、たとえば幼くして死んでしまった子どもの例です。

人工中絶や、堕胎によって、あるいは幼少時の病気や事故のために世を去った子どもは、最も不幸な人生を送った人々に属するということができるでしょう。この世で生きることすらできずに、ただ苦痛だけを感じて生命を閉じてしまった者です。そのような魂は、死後どうなるのでしょうか。

そうした幼な子が死後どうなるかについては、仏教の輪廻観と基督教の死後観とでは、まったく違ってきます。

まず仏教の輪廻観からですが、仏教では幼くして死んだ者は、輪廻によって来生でもっと良いところにほど、死後は苦しむのだといいます。

それは仏教では、幼くして死んだ者ほど罪が重い、とされているからです。その子は前生で悪い業（行為）を積んだゆえに、この世で早死にしたのだと理解されるのです。早死には因果応報《いんがおうほう》とされます。「自業自得《じごうじとく》」という言葉がありますが、これは仏教用語で、自分の業を結果的に自分で受け取ることを言います。子どもの早死にという不幸も、業の考え方によれば自業自得だというのです。

しかも、その子は早死にして親を悲嘆に暮れさせたことで、今生でさらに悪い業を積んでしまったことになります。良い業は積めず、ただ悪い業だけを積んで、この世を去ってしまったというのです。

そのため輪廻説においては、早く死んだ子どもほど罪が深いのだそうです。そういう子は、三途《さんず》の川（この世とあの世の境にあるとされる川）を渡ることができないと言い伝えられています。

子どもは三途の川のほとりにある「賽《さい》の河原」で、鬼にいつまでも、いじめられているのだそうです。幼くして死んだ子どもほど、鬼にいじめられて泣き叫んでいます。子どもは早死にした上に、死後はもっと苦しむというのです。

そしてその子たちは、通常の輪廻転生によっては、決して来生で良いところに生まれ変わることはできません。悪い業しか積んでいないからです。

仏教には「お地蔵さん」とか、「水子《みずこ》地蔵」というものがあります。これらは、そういう地蔵が、可哀相な子どもたちを救って極楽に運んで下さるという信仰によるものです。つまり、こういう地蔵信仰でも立てなければ、その子たちは救われないとされています。良いところに生まれ変わることもできないのです。

基督教ではまったく逆

一方、基督教では、早死にした子どもたちは死後どうなると考えられているでしょうか。

基督教では、幼くして死んだ子どもほど罪がなく、そのまま天国に行けると信じられています。

基督教では、伝統的にプロテスタントでもカトリックでも、胎児や幼児のうちに死んだ魂は、そのまま天国に行けると信じられてきました（マタイの福音書一八・三、一〇）。景教でもそうだったでしょう。それはそういう子どもたちは、まだ無垢《むく》の者たちだからです。

その子たちは、賽の河原で鬼にいじめられてなどいません。天使に迎えられて、神のもと、キリストのそばで安息と慰めを得ています。ですから基督教では、赤ちゃんの葬儀においては、死を悼《いた》むより、むしろまっすぐその子が神のふところに帰った喜びが強調されます。

もちろん、子どもとのしばしの別れという悲しみはあります。しかし、子どもがそのまま天国に入り、今は父なる神のあたたかいふところで休んでいる、という平安の方が大きいのです。

親も、もし地上の旅路において神と共に歩んで生きるならば、そののち自分がこの世を去る日が来たとき、天国においてその子に再会できます。このように基督教と仏教では、まったく逆の考え方であることがわかります。

仏教の寺では、「水子供養」をしないと「たたり」がある、などと言って、幼子を失った親から何十万円もの供養料を受け取っています。しかし基督教では、「たたり」というものはないのです。「水子供養」も必要ありません。

基督教では、幼くして死んだ子どもはまっすぐ神のもとに帰り、天国の平安のなかに入っているからです。ですから、水子供養等と称して偶像を拝んだりすると、その偶像崇拝の罪がむしろ天国の子どもを悲しませることになります。

基督教では、幼くして死んだ子どもを本当に供養する道は、子どもを失った親が神の道を歩み、残りの人生を神と共に生きることだと教えます。そうすれば、その親も死後は天国に行って、子どもに再会できるのです。

そのとき神は、子どもをその親に返してくれるでしょう。

業によれば不幸な人間はますます不幸に

さて、仏教では不幸にも早死にした子どもは、死後はもっと不幸になると述べましたが、これは単に早死にした子どもに関してだけではありません。輪廻と「業」（カルマ）の教えによれば、一般に不幸な人間は生まれ変わっても、ますます不幸になるばかりです。

仏教では、人が死後どの世界に生まれ変わるかは、かつてこの世で生きていたときの業によるとされています。生きていたときに良い業を積んだ人は、より良い世界に生まれ、また悪い業を積んだ人は、より悪い世界に生まれ変わります。

この「業（カルマ）の法則」を、理にかなったものと考える人々もいます。しかし、これはむしろ非常に厳しい世界と私には思えます。なぜならこれがもし真実なら、良い人はますます良くなり、悪い人はますます悪くなることになるからです。

人のなした行為の善し悪《よあ》しは、来生にも現われてくるというのが、業の考え方です。すると、もしその人が良い業よりも悪い業の方をより多く積んでしまう性質の人であるならば、差し引きして残った悪い業の部分は次の生まれ変わりへと蓄積されていくことになります。そして次の人生は、もっと悪くなります。

たとえば、東京にある男性がいました。彼は自堕落《じだらく》な性質で、まじめに働かず、浪費する性格でした。幾分働いて得た賃金も、遊びや賭事に消えていき、借金ばかりがふくらんでいきました。

借金取りが頻繁にやって来るようになったので、彼はひそかに大阪に引っ越しました。しかし大阪でも、彼は貯金をするどころか、たまった借金が輪をかけて膨《ふく》らんでいきました。そしてついに、彼は泥棒をするようになったのです。

警察が動き始めたので、彼は大阪にいるのは危険だと思い、つぎに名古屋に引っ越しました。名古屋でも、彼の悪事はいよいよ大きくなっていきました。ついに彼は逮捕されました。彼は終身刑を受け、牢獄に閉じこめられました。

このような人々は、この世の中では少なくありません。この話の中で彼は、東京から大阪、名古屋へと移り住んでいきました。しかし、彼の不幸はますます増加していったのです。

どこに行こうと、借金は以前のものに加えて蓄積されていきました。彼の働いた悪事のために、彼を憎む人々は増えるばかりでした。彼は自堕落な性質であったので、彼の人生はどこに行こうと、悪いものが積み重なっていったのです。

輪廻と業の法則は、これに似ています。もし人が、良いことよりも悪い業を多く積む性質の者であるならば、そういう人の生まれ変わりによる次の人生は、さらに悪くなると言わなければなりません。なぜなら前の人生の悪い業が蓄積されて、次の人生に深い影を落とすからです。

「しかし、人生のどこかで決心をして修行を始め、良い人間になろうと努力するならば、良い業もめぐってくるのではないか」

と言う人もいるかもしれません。たしかに、そういう場合もあるでしょう。実際そのように説く人もいます。けれども、悪い業を多く積む人というのは、もともと、そのような良い決心がなかなかできない人間だったということです。

今まで長い年月にわたって、良い決心をしようと思いながらできなかった人間が、いつか心変わりをすることができる、といった保証がどこかにあるでしょうか。何もありません。その人は今までそうであったように、これからもそうなる可能性が高いと言わなければならないでしょう。

業の考え方によれば、ある人がこの世で不幸な境遇におかれた場合、それはその人が前生で悪い業を積んだからです。その人は、悪い業を積み上げるような人間であったということです。とすればその不幸な人は、悪い業を積み上げる人間ですから、来生はもっと悪くなることになります。

来生は、もっと不幸な人間、あるいは動物、餓鬼《がき》、修羅《しゅら》と落ちていくでしょう。最後は、地獄まで行くことになります。地獄に行ったら、最低でも一兆六二〇〇億年苦しまなければならないそうです。しかし、そこまで行ったら、あとは良くなることもあるかもしれません。

このように輪廻というものは、決して人間の希望とはなり得ません。それは不幸な人をもっと不幸にするだけだと、ユダヤ教でも基督教でも考えるのです。

基督教の死後観

一方、基督教では、人は死んだらどうなると考えられているでしょうか。幼児以外の死者の場合について見てみましょう。

「基督教では、死んだ直後に基督教徒は天国に行き、それ以外の者は地獄に行くと教えている」という理解を持っておられる方も少なくないかもしれません。しかし、これは正しい理解ではありません。

たしかにそう教えた人々もいますが、近年、この理解は聖書を正しく捉えたものではなかったと、多くの聖書学者が述べるようになっています。正しい理解は次のものです。

「人の死後には、中間状態と最終状態とがある。神と共に歩んだ人々は、死後『天国』に迎え入れられる。一方それ以外の人々は、一般的な死者の世界である『陰府《よみ》』（黄泉）に留《と》め置かれる。これら『天国』と『陰府』が、人間の死後の中間状態である。

やがて世の終わりに、聖書によれば『最後の審判』とも呼ばれる神の裁判の法廷が開かれる。このときに、人の死後の最終状態が決定される。最終状態には二種類あり、一つは『新天新地』と呼ばれる神の国、もう一つは『地獄』である」

これについて、簡単に説明しましょう。基督教会では中世の堕落時代以来ながく、死後の世界観がおかしなものになっていました。とくに「地獄」（火の池、ギリシャ語ゲヘナ）と、「陰府」（黄泉、ギリシャ語ハデス、ヘブル語シェオル）の混同が永く続いたのです。

しかし、地獄と陰府はまったく別の場所です。それは、たとえば新約聖書『ヨハネの黙示録《もくしろく》』の次の言葉からも明らかです。

「それから、死とハデス（陰府）とは、火の池（地獄）に投げ込まれた。これが第二の死である」（二〇・一四）

世の終わりに、「最後の審判」と呼ばれる一種の裁判の法廷が開かれます。これは、すべての人の死後の最終状態を決定するための、神の裁判の法廷です。このとき、それまで陰府（ハデス）に留め置かれていた死者たちは、みな神の前に立たされます。

そして彼らひとりひとりに、神による公平で適切な判断が下され、各自に最終状態が言い渡されます。そのあと、すでに死者を出して空《から》になっている陰府は、「火の池に投げ込まれる」――すなわち地獄に捨てられるのです。それならどうして、陰府と地獄が同じものでしょうか。

同じものであるはずがありません。陰府と地獄はまったく別の場所なのです。陰府は最後の審判のときまでの一時的・中間的な場所です。一方、地獄は、最後の審判において最終的に神に退けられた人々を収容する場所なのです。

このように人は、たとえ神を信じない人であっても、死の直後に地獄に行くわけではありません。天国に行くことはできませんが、神を信じることなく世を去った人々は、死後、「陰府」と呼ばれる中間状態に留め置かれるのです。

陰府で人は自分の人生を振り返る

「陰府《よみ》」とは、どのような世界でしょうか。

聖書を調べてみると、旧約時代（キリスト降誕以前の時代）に、すべての人は死後、陰府に行きました。死者は、善人であっても悪人であっても、また神を信じる者も信じない者も、旧約時代はみな陰府に行ったのです。たとえばイスラエル民族の父祖であるヤコブは、ある日自分の愛する息子ヨセフが死んだとの報を受けて、嘆き悲しみ、

「私は、泣き悲しみながら、よみにいるわが子のところに下っていきたい」（創世記三七・三五）

と言いました。この「よみ」（陰府）は、天国ではありません。聖書では、陰府はつねに「下」にあるものとされているからです。またそれは地獄でもありません。陰府は、神を信じる旧約の聖徒たちも行った場所だからです。

ヨセフは神を信じる人で、模範的な信者でした。このヨセフが死んだとの報を耳にしたとき、父ヤコブは、ヨセフは今、陰府にいると考えたのです。このように旧約時代、陰府はすべての死者のための場所で

した（詩篇八八・三、伝道者の書九・一〇、Ⅰサムエル記二八・一三）。

陰府は、聖書によれば非常に広い世界で、幾つかの場所に分かれていました。新約聖書に、イエスの語った「ラザロと金持ち」という話があります。この話の中で、アブラハムとラザロという人は死後、陰府の〝慰めの場所〟とも呼べる場所に行ったとされています（ルカの福音書一六・二五）。一方、利己的な生活をしていた金持ちは死後、陰府の「苦しみの場所」（同一六・二八）に行きました。

この話から、陰府は、少なくとも二つの場所に分かれていることがわかります。また、古代ユダヤ文学に『エノク書』というのがあります。そこには、陰府は四つの場所に分かれていると書かれています。一つは義人のための場所（慰めの場所）、残りの三つは神に従わなかった死者のための場所であると、書かれているのです。

ただし、この『エノク書』というのは聖書ではないので、陰府に四つの場所があると断定することはできません。しかし少なくとも、古代のユダヤ人たちはそういう理解を持っていた、ということがわかります。

このように旧約時代――イエス・キリストの来る以前の時代――においては、陰府はすべての死者が行く世界でした。実際、ユダヤ教の信者に、「あなたは死後どこに行きますか」と聞けば、

「私は陰府に行きます」

と答えます。それはユダヤ教信者は、今も旧約聖書の世界に生きているからです。ユダヤ教では一般に、天国は本来、人間が死後に行く場所とは考えられていません。

天国に入った聖徒たち

しかし基督教になると、人間の死後に行く場所として「天国」が登場します。

新約聖書の教えるところによれば、イエス・キリストは十字架の死後、復活までの三日間、この「陰府」に下りました（使徒の働き二・二七）。彼は陰府の人々に「みことばを宣《の》べ」ました（Iペテロの手紙三・一九、四・六）。

さらに、キリストは昇天のとき、それまで陰府にいた人々の多くを、天国に引き連れて行ったと新約聖書は述べます。「高い所に上られたとき、彼は多くの捕虜を引き連れ」て行ったと（エペソ人への手紙四・八）。この「捕虜」とは、陰府に捕らわれていた人々のことです。

陰府にいたアブラハムや、ラザロ、そのほか旧約時代の聖徒たちは、このとき天国に引き上げられました。以来、彼らは天国にいます。

また新約時代――キリスト以後の時代――において、キリストへの信仰を持って死んだ人々は、みな死後は直接、天国に行っていると聖書は教えます。

「（キリストを信じる）あなたがたは、シオンの山、生ける神の都、天にあるエルサレム、無数の御使いたちの大祝会……天に登録されている長子たちの教会……全うされた義人たちの霊……に近づいています」（ヘブル人への手紙一二・二二～二三）

「天にあるエルサレム」——これは「天国」の別名ですが、地上を去ったクリスチャンたちはみなそこにいる、というのです。神とキリストを信じる者は、このように死後「天国」に行っています。彼らは陰府を経ることなく、死後すぐに天国に入ります。そこは光り輝く永遠の命の世界、至福と平安と躍動の世界です。

一方、それ以外の人々は、死後は陰府に行っています。現在も陰府には、場所によって比較的慰めの多いところと、苦しみの多いところとがあります。陰府に行った人々は、かつて自分が生きていたときになした行ないや、生き方にふさわしい場所に留め置かれるのです。

陰府の人々は、かつての自分の人生を振り返る時を、そこで与えられます（ルカの福音書一六・二七〜二八）。ある人々は懲らしめの中で、ある人は若干ある慰めの中で、そのような時を与えられます。神は、それらひとりひとりの魂をよく見ています。

やがて世の終わりになると、「最後の審判」と呼ばれる神の裁判の法廷が開かれます。その法廷において、陰府の人々の最終的な行き先——最終状態が決定されます。すべてを知っている神は、公平で義なる判断を、ひとりひとりに下します。

一方、天国に行った人々はどうなるでしょうか。

いわゆる目に見えない霊的な世界としての「天国」は、クリスチャンのための最終的な場所ではありません。それは中間状態です。世の終わりの「最後の審判」の時が終わると、その後、クリスチャンの最終状態があります。それは「新天新地」と呼ばれる至福の新しい世界において、永遠の命の体をもって生きることです。

このように聖書は、クリスチャンにもクリスチャンでない者にも、死後の中間状態と最終状態がある、と教えています。

さらに、もう一つ大切なことがあります。この地上で生きているあいだにキリストに従うことによる恵みは、単に自分だけにとどまりません。それは自分の家族や親族にも波及するのです。聖書に、

「わたし（神）を愛し、わたしの命令を守る者には、恵みを千代にまで施すからである」（出エジプト記二〇・六）

と記されています。信者への神の恵みは、信者本人だけでなく、その家族や親族に「千代《せんだい》にまで」施されるという、神の約束です。

その「千代」が、すべてクリスチャンというわけではないでしょう。不信者として世を去り、陰府に行った、あるいは行く人々もいるでしょう。私は、この「千代」は単に未来に生まれてくる子孫だけでなく、過去の親族も含まれていると思っています。「千代に至る恵み」は、彼らにも及ぶでしょう。

実際聖書には、ある人が神と共に歩んだことにより、祝福がその人の親族にまで及んだという例が、数多く記されています。たとえば、アブラハムが神と共に歩むと、その祝福は彼の甥《おい》であるロトの一家にも及びました。

「神が低地の町々（ソドムやゴモラ）を滅ぼされたとき、神はアブラハムを覚えておられた。それで、ロトが住んでいた町々を滅ぼされたとき、神はロトをその破壊の中からのがれさせた」（創世記一九・二九）

神は、ソドムとゴモラの町々を、その積もり積もった悪のゆえに滅ぼしました。しかし、そのとき神はアブラハムのことを覚え、そこに住んでいた彼の親戚であるロト一家を、滅びの中から救出したというの

です。

西洋の基督教は、あまりに個人主義に傾いたために、こうした「信者の親族への恵み」「千代に至る恵み」ということを忘れていました。しかし聖書をよく読んでみると、救いは必ずしも一〇〇パーセント個人的というわけではありません。それは多分に共同体的です。

もし、自分がこの地上に生きているときに神を信じ、キリストの教えに生きるならば、それによって神から与えられる恵みは、単に自分だけにとどまりません。それは陰府に行った親族にも、神の深い憐れみとなって臨むことでしょう。

陰府は、最終状態ではなく中間状態です。陰府に行った人々にとって、陰府は最後の場所ではありません。

そののちの彼らの最終的な行き先――「新天新地」（神の国）か「地獄」かは、世の終わりの「最後の審判」と呼ばれる、神の聖なる裁判の法廷において決定されることです。公正、義にして、また憐れみ深い神が、そのときひとりひとりを見て、適切な判断を下すのです。

付録　日本ヘブル詩歌の研究

川守田英二博士著『日本ヘブル詩歌の研究』より

川守田英二《かわもりだえいじ》博士の『日本ヘブル詩歌の研究』については、ラビ・M・トケイヤー著『日本・ユダヤ封印の古代史』（一一九ページ）において少しご紹介していますが、ページ数の関係で詳しくはご紹介できませんでした。そこで、本書の付録として、その研究の幾つかをご紹介したいと思います。

日本各地に伝わる民謡には、たいてい「エンエラヤー」「エンヤーサー」「ドッコイショ」……そのほか、意味のわからない「はやし言葉」がたくさん入っています。はじめから終わりまで意味不明の言葉ばかり、という民謡も少なくありません。

これらの不思議な「はやし言葉」は、じつはヘブル語である、と言ったのが川守田英二博士です。

川守田英二博士

川守田博士（一八九一～一九六一年）は、岩手県に生まれました。彼の生まれ故郷の岩手県や青森県には、古くから「ナギャドヤラ」（またはナニャド・ヤラ）という民謡が伝わっています。

彼は、東北学院神学部を卒業し、渡米。アメリカの大学を卒業し、その後サンフランシスコで邦人長老教会を牧会しました。ヘブル語をマスターした彼は、日本古来の民謡のはやし言葉がヘブル語であることに気づいた、と主張。『日本ヘブル詩歌の研究』『日本エホバ古典』『日本ヘブル詩歌解釈』などの書をあらわしています。

これらの書は〝古代日本にイスラエル人がやって来た〟と考える者たちにとって、一つの刺激材料ともなっています。川守田博士は、日本の民謡のはやし言葉をヘブル語として解するとどういう意味になるか、を解説しています。

彼は、意味を示す日本語に文語を用いましたが、本書ではそれを現代語に直して紹介したいと思います。

なぜ日本の民謡に神名ヤハウェが……

私たちが日本の民謡を研究してみると、そのはやし言葉の中に、「ヤ」の音がじつに多いことに気づきます。「ヤ」「ヤー」「ヤウ」「ヨウ」「ヤーエ」などの音が、じつに多くの民謡に入っています。

川守田博士は、これらの音は多くの場合、聖書の神の御名《みな》ヤハウェ（ヤーウェ、ヤーエ）、またはその御名の短縮形ヤハ（ヤー、ヤ）が若干なまったものである、と解釈しています。

「ヤハウェ」とは父なる神の御名、固有名詞――つまり神の固有の御名です。一方、「神」や「主」とい

東北民謡「ナギャドヤラ」

（六戸地方のもの。ナニャド・ヤラともいう）

♩=88－92
Na gha ha＿ a d ya ala＿ ya - o, na gha ha＿ a d na
sa le da ha＿ a dea sa iye, nau gha ha a d ya ala ya ＿ o,

〈ヘブル語表記〉

נגד העדה יעל יהו
נגד העדה נספר לדוד השעיר
נגד העדה יעל יהו

ナーギャッ　ハアド　ヤーラ　ヤウ
ナギャッハアド　ナサル　リダウデ　ハサーイェ
ナーギャッ　ハアド　ヤーラ　ヤウ

〈現代語解〉

ヤハウェよ、民の先頭に進み出て下さい。
私たちは民の前方から、ダビデのために敵を追い払います。
ヤハウェよ、民の先頭に進み出て下さい。

ヘブル語アルファベット

（ヘブル語は右から読む）

t s(sh) r q ts p ‘ ṡ n m l k y t kh z w h d g b ’(a)

אבגדהוזחטיכלמנסעפצקרשת

う言葉は、普通名詞です。「太郎」「花子」と言えば固有名詞ですが、「人」「車」「花」……と言えば普通名詞なのと一緒です。

普通名詞は、日本語の「神」が英語ではゴッド、ラテン語ではデウス、ヘブル語ではエロヒム（またはエル）、ギリシャ語ではセオス……というように、言語によってまちまちです。「主」という普通名詞も、ヘブル語でアドナイ、ギリシャ語でキュリオス、英語でロード……といい、これも言語によってまちまちです。

しかし神の固有の御名「ヤハウェ」は、日本語で言っても、ヘブル語で言っても、英語で言っても、どの国の言葉で言ってもヤハウェです（英語ではYahweh）。それは「太郎」「花子」という名前が、英語で言ってもTaro,Hanakoであるのと同じです。

今日の学術的研究により、中世から近代まで「エホバ」と誤読されてきた神の御名は、本当は「ヤハウェ」（ヤーウェ）と読むのが正しいとわかっています。これはたとえば、古代ギリシャ人が記した文書などに、イスラエル人の信じる神の名として「ヤハウェ」の音がギリシャ語表記で記されていることなどからも、証拠づけられています。

古代のイスラエル人は、神の御名として、ヤハウェだけでなく、その短縮形ヤハ（ヤー、ヤ）も多く用いました。たとえば詩篇一三五・四の、

「まことに主はヤコブを選び……」

の「主」は、原語においてヤハです。そのほか聖書の多くの箇所でも、神名ヤハが使われています。

「ハレルヤ」という言葉も、「ハレル・ヤハ」であって〝ヤハを讃美せよ〟の意味です。古代イスラエル人

は、ヤハウェの御名と同様にヤハ（ヤー）も多く用いたのです。

古代イスラエル人は、ヤハ、ヤハウェという神名を、日常生活――たとえば挨拶の中でも発音していました。ルツ記二・四では、ボアズが刈り入れ人たちに、

「ヤハウェがあなたがたと共におられますように」

と言い、それに答えて刈り入れ人たちが、

「ヤハウェがあなたを祝福されますように」

と言っています。こうしたイスラエル人の信じていた神の御名ヤハウェ、またヤハが、日本古来の民謡のはやし言葉の中によく現われるとすれば、それはいったいどういうことなのでしょうか。

日本神道家は「言霊学《ことだま》」を主張し、とりわけ「ヤ」の音を神聖視すると言います。つまり、日本人は古来、「ヤ」の音を神聖視してきました。これも、神の御名「ヤハ」（ヤー、ヤハウエ）に由来するものなのでしょうか。

日本神道の三種の神器の一つ「勾玉《まがたま》」も、「❜」の形をした宝石ですが、これはまさに神名ヤハウェのヘブル語の頭文字ヨッド（❜ 英語のYに相当する）とまったく同じ形です。

もし、日本のはやし言葉の「ヤー」「ヤーエ」等、言霊学の「ヤ」神聖視、また勾玉の形などが、イスラエルの神の御名「ヤハ」「ヤハウェ」に由来するものなら、これはたいへん重要な意味を持ちます。

それはとりもなおさず、かつて北王国イスラエルの十部族が、古代の日本にやって来て住み着いた、ということだからです。なぜなら、古代イスラエル人は皆「ヤハウェ」「ヤハ」の御名を日常生活の中で発音していましたが、南王国ユダにおいては、バビロン捕囚《ほしゅう》を終えたあと紀元前三世紀くらいから、神の御

名を発音しなくなりました。

南王国ユダでは、神の御名を「主」（アドナイ）という普通名詞に置き換えて言う習慣になったのです。つまり、北王国イスラエルの十部族の間では「ヤハウェ」「ヤハ」の御名は発音され続け、一方、紀元前三世紀以降の南王国ユダのユダヤ人の間では神殿以外では発音されなくなっていました。

したがって、日本の民謡に「ヤハウェ」「ヤハ」の神名が使われているとすれば、それはとりもなおさず、古代の日本に北王国イスラエルの十部族がやって来て、それをもたらした、ということになります。

その他のはやし言葉のヘブル語解

ここに音符と共に記した民謡以外にも、川守田博士は多くの「はやし言葉」について、ヘブル語解を示しています。
●たとえば唱歌「金太郎」や、相撲の行司の言う、
「ハッケー　ヨイ　ノコッタ」

は、「撃て、やっつけろ、打ち破れ」の意味〔「ハッケー」（HKHまたはNKH）は「あなたは撃て」、「ヨイ」（YHY）は「やっつけろ」、「ノコッタ」（NKYT）は「打ち破れ、相手を」の意味〕。
●では、「拳打ち唄」で、
「ジャンケン負けたらスチャラカ・ホェ」

というのは何故でしょう。川守田博士によると、「ジャン・ケン・ポン」は、「隠して、準備せよ、来い」の意味であろうと言います［「ジャン」はヘブル語のツパン（tsPN隠す）、「ケン」はクェン（KWN準備せよ）、「ポン」はボー（BWA来い、または出せ）の意味］。

「スチャラカ・ホェ」は、ヘブル語のエステラカ・ホェ（ASTLkh・HWY）ならば、「私は自ら彼を引き渡します」の意味になります。

●「串本節」などに出てくる「ヨイショ」は、おそらくヘブル語の「ヨー　イシェオ」（YW・YSW'W）であるならば、「ヤハウェが助けて下さる」の意味。

●「ソーラン節」の「ヤーレン　ソーラン」は、ヘブル語のヤーン・レ・ソーラン（Y'N・LY・SWRH）で、「ヤハウェが私に答えて下さった。見て下さい」の意味。

また「ドッコイショ」は、重い荷物を動かすときなどにも言いますが、川守田博士は「征服せよ蝦夷《えぞ》（敵）を」の意味であろうと述べています［ドコー（DWkh）を用いる］。

●「佐渡おけさ」や、越後盆踊りの「アーリャ　サ」は、ヘブル語の「アハレリ・サー」（AHLL・SR）とすれば、「わたしは主権者を讃えます」の意味。

●祇園祭などでは、「エンヤラヤー」とかけ声がかかるが、これはおそらくヘブル語のエァニ・エハレル・ヤー（ANY・AHLL・YH）で、「わたしはヤハウェを讃美します」の意味。

また川瀬勇氏は、イスラエルに行ったときの経験についてこう書いています。

「私はキブツで働いている時に、ビルディングを立てるために敷地の整理をしていました。そこで二人で

建国地固め唄（仙台）

by Mr. Nomura

♩=70
ヤ レ コ ノ エ ンヤ ラ ヤ エ
Ya le ko no e n ya la ya - weh
ヤ レー キタコラ サ ノ エ ン ヤ ラ ヤ エ
ya le__ ki ta kora sa no e n ya la ya - weh

〈ヘブル語表記〉

יהל כנה יעו יהלל יהוה
יה עלי התסרא שרנו יעז יהלל יהוה

〈現代語解〉

（神武天皇が）イハレと改名されたのは、
彼がヤハウェを信じていたからである。
イハレが私たちの支配者を自称されたのは、
彼がヤハウェを讃えていたからである。

〈解説〉

「イハレ」とは、イハレ・ビコノミコトとも呼ばれる神武天皇のこと。「イハレ」は、「ヘブル」を意味するヘブル語のイブリに由来するとも言われる。神武天皇の正式称号「カム・ヤマト・イハレ・ビコ・スメラ・ミコト」も、ユダヤ人ヨセフ・アイデルバーグ氏によればヘブル語であり、「サマリヤの王、神ヤハウェの民のヘブル民族の高尚な創設者」の意味になるという。

都ノ城地固め唄（宮崎）

by Mr. Nomura

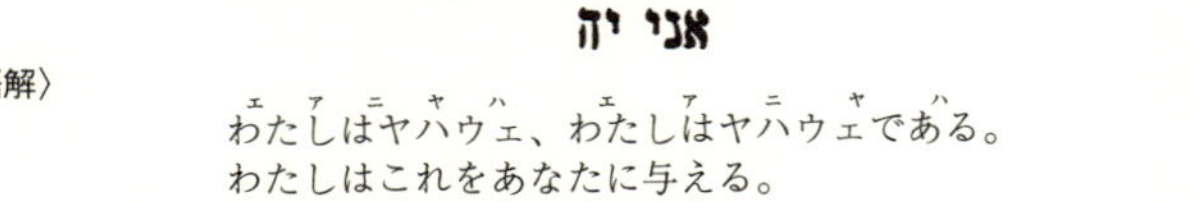
♩=60
エンニャ エンニャ エン ニャト ナー エ ン ン ニャト ナ ー エン ニャ
Ea_nya ea_nya ea_nia to na a ea_n_ni a to na a en ya

〈ヘブル語表記〉

אני יה אני יה
אני אתננה אני אתז נוה
אני יה

〈現代語解〉

わたし《エアニ》はヤハウェ《ヤハ》、わたし《エアニ》はヤハウェ《ヤハ》である。
わたしはこれをあなたに与える。
わたしはこれをあなたに与える。
わたしはヤハウェである。

〈解説〉

「エンニャ」が、ヘブル語のエァニ・ヤハとすれば、「わたしはヤハウェ」の意味である（エァニは「わたし」、ヤハはヤハウェの短縮形）。また、「これを」とは「居住地」をさす。この歌は、アブラハム、イサク、ヤコブら、イスラエルの三父祖に対し、神ヤハウェが繰り返しお与えになった御約束を歌ったもの、と思われる。

漁船漕付唄

by Miss. Sadanaga

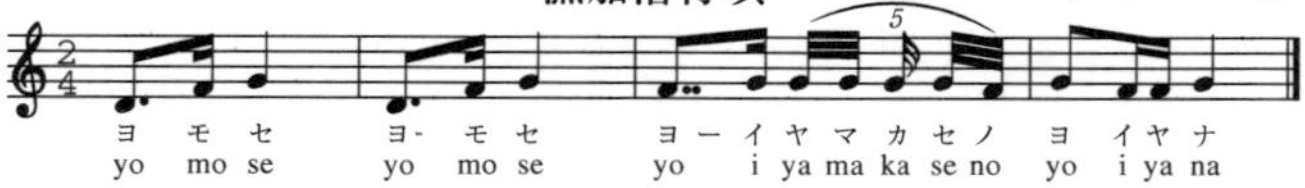
5
ヨ　モ　セ　　ヨ-　モ　セ　　ヨ ー イ ヤ マ カ セ ノ　ヨ　イ ヤ ナ
yo mo se　yo mo se　yo i ya ma ka se no　yo i ya na

〈現代語解〉
ヤハウェは救い主、ヤハウェは救い主。
ヤハウェは私たちの敵を滅ぼされた。
ヤハウェは愛である
（またはヤハウェは安漁息をくださった）。

〈ヘブル語表記〉
יו מושיע יומושיע יהוה
ימחה שורנו יהוה
יחנן (ינח)

〈解説〉この唄は、厳島の方より大漁の旗印として舟先にノボリを２本立てて、その対岸である広島の一漁村へ威勢よく帰るときのものである。

漁船引揚歌

by Miss. Sadanaga

ヨン ヨン　ヨン ヨン ヨーン　ア リャ リャン コ リャ リャン ヨー オ イ ト　ナー
Yon yon　yonyon yon　a lya lyan ko ra lyan yo o i to　na

〈現代語解〉
ヤハウェは恵み深い。ヤハウェは大いに恵み深い。
私はヤハウェをほめたたえます。
わたしはヤハウェに呼ばわります。
ヤハウェがこれ（獲物）を賜ったからです。

〈ヘブル語表記〉
יחן יהוה יחן יחן יהוה
אהלל יהוה קרא אל יהוה
יהוה יתננה

〈解説〉能登の高松の唄。

田搔き唄（紫波郡亀ヶ森）

by Prof.Takeda

♩=44
コ　ー オ ー オ　ー　リャ　ハ　ア　アー ヨ　オ　オ　オ　ー　ー
Ko o o lya ha yo o o
ヨ　エ ー　ド　ー　オ ー コ　ー　オ　オ ー リャ ー　ヤ　ア　ラー ヨ ー　オ ーウ
yo e do o ko o 'o lya ya a la yo o u
ウ　ー　ヨオ　ー ー オ　エ ー　ド　コオー ー　リャ アー ー　ア　サァ ー　ー
u yo o e do ko lya sa

〈現代語解〉
ヤハウェの御声は、おお主よ、
ヤハウェの御声は確立された。
ヤハウェはほむべきかな。
ヤハウェの御声は主権者を確立された。

〈ヘブル語表記〉
סול-יה היהוה
יידע סול-יה
יהלל יהו
יידע סול-יה השר

持てるような石をトラックに載せようとしましたら、相手のユダヤ人が『エッサ、エッサ』というのです。そこで私は『ちょっと待ってくれ』といって、せっかく上げかけた石をおろして、『そのエッサとはどういうことか』と質問をしました。するとその答えは、『エッサとは上げろ、われを上げろということだ』というのです」

『日本・ユダヤ封印の古代史』の内容と同じテーマを、英語で解説するインターネット・ホームページを開設しました。古代日本と古代イスラエルのかかわりについて、海外の人々に知ってもらいたいときなどに、活用して下さい。すでに多くのユダヤ人も訪れてくれており、喜んでもらっています。アドレスは下記です。

Israelites Came To Ancient Japan
http://www.ask.ne.jp/~remnant/isracame.htm

[著者が開設するホームページ]

久保有政　http://www2.biglobe.ne.jp/~remnant/
ケン・ジョセフ　http://www.keikyo.com/

［参考文献］

『日本・ユダヤ封印の古代史』（徳間書店）ラビ・M・トケイヤー著
『ユダヤと日本・謎の古代史』（産能大学出版部）ラビ・M・トケイヤー著
『諏訪大社　謎の古代史』（彩流社）清川理一郎著
『神道と仏教とをただす』（荻窪栄光教会出版部）森山諭著
『秦氏の謎』（学研）飛鳥昭雄・三神たける共著
『失われた契約の聖櫃「アーク」の謎』（学研）飛鳥昭雄・三神たける共著
『仏教とキリスト教』（新潮選書）ひろさちや著
『日本の中のユダヤ』（たま出版）川守田英二著
『伝承行事から見た日本民族の起源』（基督聖協団本部出版部）渡辺次男著
『阿彌陀佛と基督』（求道舎出版部）道籏泰誠著
『日本史の中の仏教と景教』（東京大学出版会）冨山昌徳著
『墓紋の謎』（東京経済刊）吉田元著
『弘法大師・空海』（河出人物読本）河出書房新社
『世界大百科事典』（CD－ROM版）日立デジタル平凡社
"By Foot To China"（Grey Polgrim Publications USA）John M. L. Young

●著者プロフィール

久保有政（くぼありまさ）
1955年、兵庫県伊丹の生まれ。1975年、米国カリフォルニア州立大学留学。古代史研究家、サイエンス・ライター、聖書解説者として出版活動や講演を行なう。前著『日本・ユダヤ封印の古代史』では翻訳をつとめる。基督教、景教（古代東方基督教）ユダヤ教、仏教の歴史的かかわりや、比較宗教的考察において優れた論説を発表している。
著書に『聖書の暗号は本当か』『創造論の世界』（共に徳間書店刊）その他がある。

ケン・ジョセフ（ken Joseph Jr. 助世夫 健）
1957年、東京生まれ。先祖は中近東出身。米国カリフォルニア州バイオラ大学卒業。'79年、ロサンゼルスに、また'89年には東京に、国際ボランティア組織「アガペハウス」を設立。その一方で、日本古代史・秦氏・景教またはキリシタン研究家としても活躍。日本全国の遺跡巡り、各地の研究家・歴史家との交わりを通して得た知識をもとに、ユニークで鋭い視点の論説を発表している。
著書に『あがぺ・ボランティア論』（永六輔と共著、光文社）、『だいじょうぶ日本』（全国学校図書館協議会選定図書）、その他がある。

日本・ユダヤ封印の古代史2
〔仏教・景教篇〕

初　版　二〇〇〇年二月二十九日

著　者　久保有政
　　　　ケン・ジョセフ

発行人　徳間康快
発行所　㈱徳間書店
東京都港区東新橋一-一-十六　〒105-8055
電話　〇三-三五七三-〇一一一
振替　〇〇一四〇-〇-四四三九二

印刷所　㈱清菱印刷
　　　　半七写真印刷工業㈱
製本所　大口製本印刷㈱

落丁・乱丁本はお取りかえいたします
〔検印廃止〕
〈編集部担当　石井健資〉
〈販売部担当　関　一男＋永田勝久〉

ISBN4-19-861144-0